100 expressions
à sauver

SAM !
17 ans et plein
de nouvelles

BERNARD PIVOT
de l'académie Goncourt

expression à
découvrir !

A. et
C

100 expressions
à sauver

ALBIN MICHEL

Pour Anne-Marie Bourgnon

Introduction

En route, mauvaise troupe !

Nées pour la plupart de la verve populaire, les expressions ont de la couleur, de la saveur, de la tchatche, de l'humour, de la drôlerie, de la cruauté, de la sagesse, de la poésie. Celle que je préfère, qui est lyonnaise, a accompagné mon enfance. À la fin de chaque visite à des amis, ma mère, à qui revenait toujours le signal du départ, disait à mon père : « Charles, si on prenait du souci ? » Variante : « Charles, il faudrait songer à prendre du souci. » Merveilleuse et subtile expression qui signifie ceci : « Nous apprécions beaucoup ces moments de détente chez vous, chers amis, mais il faut bien, hélas ! y mettre un terme, et, dès que nous aurons franchi votre porte, Charles et moi serons repris par des soucis que votre accueil nous a fait provisoirement oublier. »

Une expression est un raccourci qui en dit long.

Une expression est l'image la plus forte d'un très court métrage.

Une expression est une formule qui a le sens de la formule.

Une expression est une métaphore qui a réussi.

Une expression, *je ne vous dis que ça !*

La littérature et nos conversations sont pleines d'expressions qui n'ont qu'un seul défaut : certaines vieillissent, passent de mode, paraissent de plus en plus énigmatiques. Il est logique que le temps peu à peu les use ou les néglige. Normal aussi que le temps nous apporte de nouvelles locutions qui se substituent aux anciennes ou qui introduisent de nouveaux concepts. Certaines sont épatantes : *pété de thunes* (riche), *se prendre pour sa photo, être à l'ouest* (être désorienté, déboussolé), *bling-bling* (tapeà-l'œil), *taf-taf* (vite fait), *fumer la moquette* (délirer), *des parachutes dorés, souffler dans les bronches* (engueuler), *maquillé comme un passeport libanais, ça a fait pschitt !* (ça s'est dégonflé), etc. Naturel, enfin, que les nouvelles générations adoptent un langage un peu différent de celui de leurs aînées.

Mais la publication, il y a quatre ans, de *100 mots à sauver* m'a appris, par des invitations dans des collèges et par un abondant courrier signé de professeurs et d'élèves, que ceux-ci s'étaient pris de curiosité, parfois de passion, pour quelques-uns de ces vocables vieillis, qu'ils avaient adoptés et qu'ils se promettaient de glisser le plus souvent possible dans leurs dissertations. Ils s'étaient montrés sensibles à ce que j'avais appelé l'« écologie des mots », qui a pour dessein de sauver des mots en péril comme on s'efforce de sauver des animaux, des plantes ou des arbres menacés de disparition. Ce petit livre a récemment contribué au retour ou à l'introduction de *clampin* et de *génitoires* dans *Le Petit Larousse*, et de *carabistouilles* dans *Le Petit Robert*.

Les expressions sont encore plus datées et fragiles que les mots. Que certaines disparaissent ne met nullement en danger la langue française. C'est une immense tribu où, chaque année, il y a des naissances et des morts. Les dictionnaires en enregistrent l'état civil. Mais, sans tomber dans le sentimentalisme, il est dommage que s'anémient puis, *bonsoir la compagnie !*, nous quittent des expressions que nous avons savourées sous la plume de bons écrivains, dans les œuvres desquels elles demeurent, ou que nous avons nous-mêmes employées dans nos conversations pour exprimer nos sentiments ou pour donner du relief à nos reparties. Il est des locutions qui sont de formidables trouvailles. Elles relèvent tout simplement du plaisir de parler, d'écrire et de lire. Il en est aussi qui sont des preuves de l'histoire des mentalités, de l'évolution de la science et des mœurs. Il en est enfin qui ont une signification très précise, qu'aucune autre ne remplacera, en sorte que leur perte serait dommageable pour l'exactitude et la richesse du français.

Des milliers d'expressions sont mortes au champ d'honneur ou dans leur lit, et celles-ci, nous ne les réveillerons pas, c'est impossible. On ne ressuscite pas plus un mot disparu ou une locution éteinte qu'on ne peut faire revivre un squelette du Muséum en lui ajoutant du sang et des muscles. Mme Héloïse Neefs a recueilli *Les Disparus du Littré*, dictionnaire savant et passionnant, mais c'est une nécropole.

À deux ou trois exceptions, les 100 expressions que j'ai retenues sont toujours en vie, et c'est parce qu'elles vivent encore qu'il faut les sauver du silence qui les écarte, de l'oubli qui les menace. Créées ou en usage au vingtième siècle, elles ont toutes été employées par des écrivains d'hier et d'aujourd'hui, les citations l'attestent. Déjà, j'entends des personnes d'un certain âge, ainsi que les gens cultivés, s'exclamer en découvrant la liste de mes 100 expressions à sauver : « Je les connais toutes ! » Les connaître, oui, mais les utiliser ? Ce qui est sûr, c'est que plus on descendra dans l'échelle des âges, plus ces expressions paraîtront exotiques. Les nouvelles générations devineront le sens de quelques-unes, soit parce qu'elles sont sans mystère, soit parce que, par chance ou par hasard, elles ont été lues ou entendues. Mais la quasi-totalité d'entre elles seront pour les jeunes *terra incognita*. Leur reprocher cette méconnaissance serait stupide. C'est nous qui n'avons pas su leur transmettre ces friandises. Ils se régaleront de quelques-unes ou s'en amuseront.

Quelques observations :

1. Il est évident que le vieillissement des expressions retenues est inégal et que les risques de déshérence ne sont pas les mêmes. Ainsi *courir le guilledou*, *aller se faire lanlaire*, *que pouic* ou *chanter pouilles*, semblent avoir une espérance de vie beaucoup plus courte que *dorer la pilule*,

se tirer la bourre ou *s'acheter une conduite*, expressions qui ont encore de la vigueur même si elles sont sur le déclin.

2. Avant de travailler à ce livre, je croyais que toutes les locutions centrées sur le nom d'un objet caduc avaient été en quelque sorte balayées par le progrès. À preuve : *brûler la chandelle par les deux bouts* (se ruiner en dépenses), *avaler sa chique* (mourir), *allumer ses quinquets* (regarder attentivement), *avoir son plumet* (être ivre), etc. Mais bien d'autres expressions prouvent, au contraire, que le nom d'une chose obsolète n'entraîne pas forcément leur disparition. Exemples : *vogue la galère !, faire le zouave, un puits de science, mettre la charrue avant les bœufs, fendre l'armure*, etc.

3. À deux exceptions, toutes les citations sont originales. On ne les trouvera pas sur Internet ou dans les dictionnaires. Je les ai collectées, crayon en main, tout au long de mes lectures aussi diverses que nombreuses. Des écrivains comme Colette, Giono, Guérin, Nourissier,

Sabatier emploient beaucoup d'expressions. D'autres écrivains en produisent peu, ne serait-ce que parce qu'ils ont moins souvent recours aux dialogues.

4. Il existe des centaines d'autres expressions en péril. Vous en rencontrerez au hasard de vos lectures. Ou elles vous viendront spontanément à l'esprit parce qu'elles font partie de votre histoire. Notez-les dans les pages blanches situées à la fin du livre. Constituez-vous votre propre liste d'expressions à sauver. Rappelez-vous, amusez-vous, inventoriez, fichez, employez, osez, étonnez, ayez de l'expressivité... *En route, mauvaise troupe ! Fouette, cocher ! Et que ça saute !*

Les 100 expressions

Numéroter ses *abattis*.................................. 23

Retour d'*âge* (le)....................................... 24

Fagoté comme l'*as de pique*...................... 25

Bagatelles de la porte (les) 26

Doucement les *basses* !.............................. 28

Bâti à chaux et à sable.............................. 28

En *baver* des ronds de chapeau 29

Tailler une *bavette*.................................... 31

Avoir le *béguin*.. 33

Je vous fiche mon *billet* que… 34

Blague à part.. 35

Proposer la *botte* 36

Bouillon d'onze heures (le)........................ 37

Se tirer la *bourre*....................................... 39

Se monter le *bourrichon* 40

Avoir de la *branche*.................................... 41

Battre la *breloque*...................................... 42

À toute *bringue*... 43

Faire *buisson* creux 44

Un peu fort de *café* 46

Rabattre le *caquet* 47

Face de *carême* (une) 48

Passer à la *casserole* 49

En avoir sa *claque*...................................... 51

Prendre la *clef* des champs 52

Des *clous* ! 54

S'acheter une *conduite*................................ 55

En tenir une *couche*.................................... 56

Ça vous la *coupe* !...................................... 57

Changer de *crèmerie*................................... 58

Chercher des *crosses* 59

Crotte de bique (de la) 59

En deux coups de *cuillère* à pot 61

Du *diable* si…... 62

Nettoyer les *écuries* d'Augias 63

C'est *égal* ! 64

Bouché à l'*émeri* 65

Se tirer d'*épaisseur* 66

Sentir le *fagot*.. 67

Fille de joie (une) 68

N'être pas une *flèche* 70

Avoir du *foin* dans ses bottes...................... 71

C'est trop *fort* ! 72

Plier les *gaules*.................................. 74

Peigner la *girafe* 75

Sortir de ses *gonds*.......................... 76

Jeter sa *gourme* 76

Avoir les *grelots*.............................. 78

Conduite de **Grenoble** (faire une) 79

Manger la *grenouille*....................... 80

S'en soucier comme d'une *guigne* 82

Courir le *guilledou*......................... 83

C'est la fin des *haricots*.................... 85

À la bonne *heure* ! 86

La semaine des quatre *jeudis* 87

C'est parti, mon *kiki* ! 89

Avoir un bœuf sur la *langue*...................... 90

Aller se faire *lanlaire* 91

S'entendre comme *larrons* en foire 92

Beau *linge* (du) 93

Pas de ça, *Lisette* ! 94

Jouer du *manicordion* 95

Maigre comme un coup de trique 97

Méchant comme la gale....................... 98

Laisser pisser le *mérinos*.................... 99

Faire la *mijaurée*.......................... 100

Sapé comme un *milord* 102

Faire la *mine* 103

Se *moquer* du tiers comme du quart 104

Mords-moi-le-doigt (à la) 106

Bourrer le *mou* 106

C'est pas tes *oignons* ! 108

Panier percé (un) 109

Donner ou recevoir son *paquet* 110

Et *patati* et patata ! 112

Payer rubis sur l'ongle 113

Parler du *pays* 114

Paysan du Danube (le) 115

Peau de balle et balai de crin 116

Péter dans la soie 117

Homme de *peu* 118

Dorer la *pilule* 120

Brave à trois *poils* (un) 121

Que *pouic* 123

Chanter *pouilles* 124

Se tenir à *quatre* 125

Querelle d'Allemand (une) 126

Avoir de *quoi* 127

En *route*, mauvaise troupe ! 128

Tirer du *ruisseau* 129

Faire la *sainte Nitouche* 130

En avoir les *sangs* tournés 131

Soupe au lait (être) 132
Avoir la **tête** près du bonnet...................... 134
Laver la **tête**.. 135
Tiens ça ! Tiens donc ! 136
Coup de **Trafalgar** (un) 137
Tranquille comme Baptiste........................ 138
Être dans les **vignes** du Seigneur 140
Yoyoter de la touffe 141

Numéroter ses abattis

Variante rare : *compter ses abattis*. C'est ce que faisait le rescapé de la Grande Guerre campé par Aragon.

« Il faut dire ce qui est, j'avais la venette, j'étais sûr d'y rester, je comptais mes abattis. Quand ça chiait dur, je suais de partout. »

Louis Aragon,
Aurélien.

Au pluriel, les abattis désignent les abats des volailles (pattes, foie, gésier, etc.) ainsi que, par une métaphore familière, nos bras et nos jambes. *Numéroter ses abattis* c'est, en temps de guerre, avant la bataille, craindre de perdre un ou plusieurs de ses membres. Les numéroter pour pouvoir les reconnaître... Humour noir.

Hors du contexte de la guerre, l'expression est soit une menace, soit une inquiétude. Mais il faut que l'affaire soit grave, en tout cas risquée. « Je te conseille de numéroter tes abattis ! »

Hep !

La citation d'Aragon contient l'un de mes *100 mots à sauver* : la *venette*, à savoir la peur, la frousse. *Avoir la venette*, c'est avoir peur.

Retour d'âge (le)

Il n'y a pas si longtemps, les femmes ne prononçaient pas le mot de ménopause. Soit parce qu'elles l'ignoraient, soit parce que ce terme médical ne leur paraissait pas convenable. Trop direct, trop intime. On lui préférait *retour d'âge*. Expression peu claire, mais élégante.

« *Elle se rappelle exactement de la date de son retour d'âge. "J'ai eu pour la dernière fois, dit-elle, le jour de la première communion de mon petit Joseph."* »
Jules Renard,
Nos frères farouches, Ragotte.

On aura remarqué la pudeur de Ragotte. Elle ne dit pas ce qu'elle a eu pour la dernière fois, mais son interlocutrice n'a nul besoin de précision.

Fagoté comme l'as de pique

Ou *ficelé comme l'as de pique*. Ou *fichu*. Habillé n'importe comment, mal sapé. Fagoté vient de fagot, paquet de branchages et de petit bois souvent rassemblés à la diable. De même les vêtements de celui qui est mal fagoté. *Faire quelque chose à l'as de pique*, c'est le faire sans aucun soin, un peu n'importe comment. Selon Claude Duneton, l'as de pique évoque par sa forme le croupion d'une volaille. Partie de son corps pas bien propre. Mal tenue. De même le laisser-aller vestimentaire.

« *Sur le palier, elle l'arrêta pour replier le col de sa veste et tasser sa pochette extravagante. — Ficelé comme l'as de pique. C'est bien la peine de surveiller les Beaux-Arts, dit-elle.* »

Daniel Boulanger,
La Poste de nuit.

Bagatelles de la porte (les)

La locution est née à la porte des foires, des spectacles forains, des vogues, des ducasses. Une parade incitait le public à entrer. On l'alléchait par quelques tours, jongleries et exhibitions. Ce n'était que des *bagatelles de la porte*, un modeste avant-goût de ce qui attendait les chalands à l'intérieur.

L'expression a ensuite fait florès dans les salons et chambres à coucher. Elle y était d'autant plus à sa place que la bagatelle, objet de peu de valeur, désigne aussi une aventure galante, le sexe, l'amour physique. Dans ce contexte-là, les *bagatelles de la porte* sont les préliminaires de l'amour, caresses et baisers qui précèdent l'acte charnel et le préparent.

« *— Il n'y a quand même pas que le coït, dans la vie ! Je me demande d'ailleurs, parfois, s'il est si important que cela et — est-ce un effet de l'âge ? — si ne valent pas aussi bien, peut-être mieux, ce que les Français appellent... Je cherche le mot...*
— Les bagatelles de la porte ?
— Voilà... »

Maurice Audibert,
Tombeau de Greta G. (2007).

L'expression n'est plus employée aujourd'hui que, plaisamment, dans son acception sexuelle. Or, absente du *Petit Larousse* et du *Petit Robert*, elle figure bien dans *Le Grand Robert* et dans la dernière édition du *Dictionnaire de l'Académie française*, mais sans aucune référence à la sexualité. Oubli déplorable et absurde. Tous les académiciens ne sont pas des hussards qui dégainent sans sommation. Il en est beaucoup qui, au déduit, sont passés ou passent encore par les *bagatelles de la porte...*

Doucement les basses !

Pas de précipitation ! N'exagérons rien ! Pas la peine de hausser le ton ! Inutile de forcer ! De la modération ! *Doucement les basses !* comme disent les chefs de chœur.

« Je pousse sur le champignon. Il me dit : "Doucement les basses, la route est mouillée, ça dérape." »
                                         Jean Giono,
                                         Faust au village.

L'expression n'est pas ou n'est plus dans *Le Petit Larousse*. En revanche, y figure *allez-y mollo !* ou *vas-y mollo !*, qui signifie la même chose. *Mollo* est une forme courte, bâtarde, musicale et populaire de mollement.

Bâti à chaux et à sable

Bâti très solidement. Et, quand l'expression s'applique à un individu, cela signifie qu'il jouit d'une robuste constitution.

« *Elle n'est pas malade imaginaire, Claude. L'a-t-elle assez répété : "Moi ? Je suis bâtie à chaux et à sable..." »*

François Nourissier,
Le Bar de l'Escadrille.

Aujourd'hui, quand un fanfaron exhibe ses biceps et qu'il les fait tâter, il ne se réfère plus au ciment mais au béton.

Hep !

Être solide comme le Pont-Neuf ou *se porter comme le Pont-Neuf* est une vieille et... robuste locution. L'édification du Pont-Neuf, sur la Seine, à Paris, de 1578 à 1605, avait si fortement rassuré et ébloui les riverains qu'ils avaient fait du pont le symbole de ce qui paraît indestructible.

En baver des ronds de chapeau

Si elle n'a pas disparu, la première acception de cette amusante expression a beaucoup vieilli.

Elle exprimait, selon Claude Duneton, « la stupéfaction ravie ». Et il ajoute : « Semble parodier l'émerveillement d'un petit enfant qui bave de surprise, laissant couler des gros ronds de salive. »

Quand on dit encore aujourd'hui de quelqu'un qu'il *en bave des ronds de chapeau*, c'est qu'il souffre beaucoup parce qu'il est soumis à une épreuve physique ou morale. Le glissement de sens vient du verbe baver, de plus en plus employé familièrement pour exprimer une douleur. *Ah, il en a bavé !* Les ronds de chapeau disparaissent pour laisser le verbe traduire tout seul la souffrance.

> « *Et je siffle en vain ce refrain*
> *L'air qu'elle me sifflait dans son bain*
> *Je siffle et j'en bave des ronds de chapeau*
> *Malheureux comme un Russe au Congo.* »
>
> Pierre Perret,
> *Gourrance.*

Hep *!*

D'une personne qui, dans une affaire, *porte le chapeau* (être tenu pour seul responsable d'une erreur collective) ou que les faits ont obligée à *manger son chapeau* (se déjuger publiquement), on peut dire qu'elle *en bave des ronds de chapeau.*

Tailler une bavette

Jolie expression qui se démode lentement, mais inexorablement. On l'emploie à la place du verbe discuter, en lui ajoutant le temps et le plaisir que deux interlocuteurs prennent à bavarder.

« *L'hiver prochain, vous serez à Passy, je l'espère, et nous pourrions tailler de temps à autre une forte bavette.* »

Gustave Flaubert,
Correspondance, tome V,
lettre à Maurice Sand,
29 août 1877.

« *Ça me le rend sympathique. Je me colle un peu à côté et nous taillons une bavette.* »

Jean Giono,
Les Grands Chemins.

Beaucoup de gens pensent que l'expression est née chez le boucher. Pendant que celui-ci taille la bavette pour en faire des biftecks, on échangerait des propos… Aucun rapport, semble-t-il. Car la bavette désigne aussi une sorte de rabat flottant que portent encore les avocats sur le haut du corps. Et les avocats, ça cause… En argot, on les appelle des baveux. Le linguiste Jacques Cellard a opté pour une autre bavette : la serviette attachée au cou des bébés. Les parents, amis et voisins font visite à l'accouchée et taillent des bavettes au nourrisson, « c'est-à-dire l'habillent de leurs propos futiles ».

Hep !

En revanche l'expression *discuter le bout de gras* — conversation très animée pendant laquelle, sans se disputer, on ne cède rien — est probablement née dans les boucheries.

Avoir le béguin

C'est avoir du sentiment pour quelqu'un, et même se prendre de passion. Car *avoir le béguin* c'est s'amouracher fortement. Dans la prison de Clairvaux, Jean Genet employait l'expression d'homme à homme.

« Tu peux te foutre de moi, je te donnerai toujours ce dont tu auras besoin. Et c'est pas parce que j'ai le béguin, c'est parce que je dois le faire. »

Jean Genet,
Miracle de la rose.

« Bin voilà, dit le type, j'ai un sacré béguin pour vous. Dès que je vous ai vue, je me suis dit : je pourrais plus vivre sur cette terre si je ne me la farcis pas un jour ou l'autre. »

Raymond Queneau,
Zazie dans le métro.

Le béguin est un bonnet porté par des religieuses belges et hollandaises. De là le verbe *s'embéguiner* qui signifie, selon Claude Duneton, se coiffer de quelqu'un. Se remplir la tête d'une personne, se prendre la tête pour elle, en être amoureux.

Hep !

Peu de chance d'entendre aujourd'hui un garçon des cités dire qu'il *a le béguin pour une meuf*. D'ailleurs l'expression est qualifiée par les petits *Larousse* et *Robert* de vieillie.

Je vous fiche mon billet que…

Locution familière vieillie, selon *Le Petit Robert*. Il est vrai que ce billet de reconnaissance d'un achat ou d'une dette remonte au négoce du dix-huitième siècle. C'est un papier précieux, et l'on est prêt à le risquer tant on est sûr de ce que l'on affirme. *Je vous fiche mon billet que…*, je vous certifie que…, je vous le garantis, j'en suis sûr et certain.

L'expression initiale est : je vous en *donne* mon billet. Puis : je vous en *fiche* mon billet. Ensuite, dès la fin du dix-neuvième siècle : je vous *fiche*, je vous *flanque*, je vous *fous* mon billet.

« *Il ne savait pas me parler de son père, qu'il appelait le Commandant ou papa Fleury, sans ajouter qu'il*

34

n'était pas un homme commode. "Avec lui, me répétait-il, je te flanque mon billet qu'il fallait filer doux !" »

Maurice Chapelan,
Mémoires d'un voyou.

Hep *!*

Filer doux, c'est-à-dire obéir promptement sans résister ni renâcler, me remet en mémoire l'expression dans le théâtre classique : *tout doux !*, du calme, mon ami, modérez-vous. On préfère aujourd'hui lancer à l'agité du bocal : *calmos !*

Blague à part

Blague à part ou *blague dans le coin*, donc pour parler sérieusement, en laissant de côté les plaisanteries, les bobards.

« *Voyons, papa Iaudi, entre nous, blague à part, hein ! vieux ! répondez donc.* »

Jules Renard,
Coquecigrues, La Cave de Bîme.

Il serait dommage d'abandonner cette expression tout en finesse et drôlerie, dont la signification est différente des populaires interjections *sans blague !*, qui marque soit de l'étonnement, soit de l'ironie, et *pas de blague !*, faites gaffe, soyez prudent, soyez raisonnable.

Proposer la botte

C'est proposer des relations sexuelles. Et le faire sans barguigner, sans y mettre des formes, comme on propose un assaut à l'épée, au cours duquel on espère porter au moins une botte. Le corps-à-corps amoureux comme une rencontre d'escrime. L'expression — très phallocentrique — ne peut être logiquement utilisée que par des hommes, leur sexe étant comparé à une arme d'estoc et de taille, en particulier le braquemart.

> *« Quand je lui ai proposé la botte,*
> *sans trop y croire,*

elle m'a dit : cause toujours, mon pote,
t'es qu'un ringard ! »

Renaud,
L'Auto-stoppeuse.

(Voir aussi l'expression *avoir du foin dans ses bottes*, page 71.)

Bouillon d'onze heures (le)

Le bouillon d'onze heures est tout simplement une boisson empoisonnée. Au début, c'est-à-dire à l'époque médiévale, il s'agissait d'un bouillon chaud (ou d'une tisane brûlante) servi juste avant son sommeil à une personne qui le buvait avec confiance et qui allait mourir dans les minutes ou les heures suivantes. *Le bouillon d'onze heures* désignera ensuite tout breuvage auquel une main criminelle aura ajouté une poudre mortelle.

« Il n'est jusqu'aux fameux bouillons d'onze heures
de feu la reine Catherine qui ne soient évoqués. »
Pierre Combescot,
Faut-il brûler la Galigaï ?.

De légumes, de poule ou de pot-au-feu, le bouillon, surtout l'hiver, est une délicieuse entrée. Mais on ne saurait oublier que le bouillon figurait au menu du sabbat des sorcières. Si chacune avait sa recette, la chair du crapaud était appréciée de toutes. Est-ce en souvenir de ces repas du diable qu'on appelait *bouillons pointus* les lavements administrés avec des clystères ?

Qui *boit le bouillon* ? Soit un nageur maladroit, soit un industriel qui a fait de mauvaises affaires, ou un financier, un boursicoteur, de mauvais placements.

Hep !

Quand mon émission *Bouillon de culture* commençait très tard, à vingt-trois heures, je ne pouvais pas ne pas penser au funeste *bouillon d'onze heures*…

Se tirer la bourre

Être à la bourre, être en retard, est une expression qui continue d'être à l'heure d'aujourd'hui. Il n'en est pas de même pour *se tirer la bourre* qui, même dans le langage sportif, est en déclin. Pourtant elle dégage une énergie conforme à sa signification : se mesurer à un rival ou à un adversaire, lutter pour l'emporter, combattre pour être le plus fort.

« Certes l'instit et le curé continueront de se tirer la bourre jusqu'au début des années soixante... »
Denis Tillinac,
Dictionnaire amoureux de la France.

La bourre est l'ensemble des poils de certains animaux qu'on doit retirer de leur peau avant le tannage.

Hep !
Autrefois, un *bourre* désignait en argot un policier : « Faites gaffe, les bourres arrivent... »

Se monter le bourrichon

En argot, le bourrichon désigne la tête. *Se monter le bourrichon*, c'est donc se monter la tête, se faire des illusions.

> « *Quand on pense qu'une jolie gosse comme toi, à qui le plaisir et le bonheur ne demanderaient qu'à venir, va peut-être gâcher son existence pour s'être trop monté le bourrichon ! Péché d'orgueil, ma fille.* »
>
> Jules Romains,
> *Les Hommes de bonne volonté*
> *(Naissance de la bande).*

Les variantes *se charpenter le bourrichon* et *se monter le bobéchon* ont disparu.

On peut aussi *monter le bourrichon à quelqu'un*, c'est-à-dire lui remplir la tête de calembredaines, d'illusions ou de chimères, ou bien l'exciter contre un tiers.

Avoir de la branche

C'est avoir naturellement de la classe, de l'allure. Présenter beau, avec distinction.

« — Il a vraiment de la branche, ce Giacomo, dit la baronne de la Berche. Et je m'y connais (...).

— Il a la branche qu'ont tous les vieux Italiens à cheveux blancs. »

Colette,
La Fin de Chéri.

L'expression est héritée du langage de la noblesse où l'on évoquait les branches issues des grandes familles. La branche des Valois, la branche anglaise des Rothschild, la branche aînée, la branche collatérale... Au sens premier, *avoir de la branche* signifiait qu'on appartenait à la noblesse depuis longtemps.

Hep !

Dominique de Villepin a deux fois de la branche, dans son nom et dans sa personne. On évitera cependant de lui demander : « Comment ça va, vieille branche ? »

Battre la breloque

La batterie de tambour qui appelait les soldats au casse-croûte s'appelait « breloque ». Elle était saccadée, son rythme inégal. Une montre qui *bat la breloque* ne fonctionne pas bien. D'ailleurs, on appelle breloque une montre qui marche mal. Par analogie, on dit d'un cœur dont le rythme est trop irrégulier qu'il *bat la breloque*. Même chose pour un esprit délirant, pour une personne dérangée.

« Je ne comprends plus, Salavin. Ou tu bats la breloque ou c'est moi. »

Georges Duhamel,
Le Club des Lyonnais.

Hep !

Le français est riche en expressions pour évoquer la raison qui s'égare : *battre la campagne, perdre la boule, perdre le nord, perdre la boussole, être marteau, pédaler dans la semoule* ou *la choucroute,* etc. Autant de métaphores très concrètes pour nommer un dérèglement de l'esprit. (Voir *yoyoter de la touffe,* page 141.)

À toute bringue

Disparue du *Petit Larousse* et du *Petit Robert*, l'expression était pourtant présente dans la rentrée littéraire de 2007 sous la plume de deux écrivains, Olivier Adam, qui rata de justesse le prix Goncourt, et Gilles Lapouge, qui obtint le Femina des essais.

« Je me suis engouffrée dans la voiture, j'ai roulé à toute bringue jusqu'à l'école. »

Olivier Adam,
À l'abri de rien.

« Des pays qu'ils parcourent et décrivent à toute bringue, leur récit ne dévoile rien. »

Gilles Lapouge,
L'Encre du voyageur.

À toute bringue, c'est-à-dire à toute vitesse. Il semble que la locution *à tout berzingue* ou *à toute berzingue* — il conduisait sa voiture à tout berzingue — ait supplanté *à toute bringue*, encore qu'elle ne soit également que peu usitée. Berzingue paraît être une déformation du mot *brindezingue* — le zinc du café ? – qui qualifiait au départ un homme ivre, puis un peu toqué, barjot, fou.

À noter aussi l'expression équivalente *à toute blinde*.

« C'est au lance-pierres que l'on avale les repas, les hommes et les femmes pressés repartent à toute blinde… »
François Simon,
Le Figaroscope, 28 novembre 2007.

Hep !

La grande bringue allait à toute bringue. Nul pléonasme dans cette phrase. La grande bringue désigne familièrement une jeune fille haute sur pattes et dégingandée.

Faire buisson creux

Battre les buissons est une locution bien connue des chasseurs. On frappe les buissons avec un bâton pour en faire sortir le gibier. *Faire buisson creux*, c'est ne pas y trouver le gibier dont on était pourtant sûr de la présence. Métaphoriquement, c'est ne pas trouver ce que l'on cherche, c'est faire chou blanc.

« Le "bon sauvage" était une aubaine. Il tombait à pic, car les philosophes des Lumières en avaient un besoin urgent, ils l'avaient cherché partout et partout ils avaient fait buisson creux. »

Gilles Lapouge,
L'Encre du voyageur.

« … Faisant escale à Pau, spécialement pour revoir Degas et son Bureau de coton à La Nouvelle-Orléans, là aussi je fis buisson creux : le Degas venait de se mettre en route… pour La Nouvelle-Orléans, figurez-vous ! »

Simon Leys,
Le Bonheur des petits poissons.

Hep !

La poétique expression *faire l'école buissonnière* n'est pas en péril. Mais il y a de moins en moins de buissons dans les campagnes et les jeunes – élèves et parents – emploient plus volontiers l'expression *sécher l'école* ou *les cours.*

Un peu fort de café

Voici une expression archiconnue des gens de ma génération et des suivantes, et qui est délaissée ou ignorée par les jeunes consommateurs du vingt et unième siècle. Ils ne boivent pourtant pas que du Coca et de la bière. Ils sont ou ils seront, eux aussi, des amateurs de moka ou d'arabica. Et quand il leur paraîtra difficile d'admettre certaines choses incroyables, pourquoi ne s'exclameraient-ils pas, comme nous : *c'est un peu fort de café* ? De même qu'il est dur de boire du café trop fort, il est dur d'avaler certaines informations. Ou d'admettre certains comportements. Alors, on s'étonne.

« Je t'ai pourtant vue après… et je ne t'ai rien dit. Ça, c'est un peu fort de café ! La distraction, tu sais, pas la discrétion, enfin c'est vrai que j'avais eu des ennuis… »
Aragon,
Les Beaux Quartiers.

À l'étonnement peut s'ajouter de l'indignation. « Il a osé dire ça ? C'est un peu fort de café ! »

Rabattre le caquet

Au moment de pondre ou quand elles sont plongées dans une bienheureuse méditation, les poules émettent des gloussements. Elles caquètent. Du mot caquet qui désigne ce bruit de bec et de gorge, lequel ressemble à du babillage, à un bavardage sans fin. Faire taire une personne à la fois discoureuse, papoteuse et un peu prétentieuse, c'est lui *rabattre le caquet*.

> « *Cela lui donne une occasion inespérée de rabattre le caquet au sieur Dumont d'Urville… »*
> Takis Théodoropoulos,
> *L'Invention de la Vénus de Milo,*
> traduit du grec par Michel Grodent.

Hep !

À propos du mot poule. La maîtresse d'un homme n'est plus appelée poule (Mado, c'est sa poule !) et c'est tant mieux. La poupoule («Viens poupoule ») de Maurice Chevalier ne vient plus. Mais *ma poule* reste un mot affectueux, très familier, pour une petite fille ou même pour une jeune femme. *Ça roule, ma poule !* On peut regretter la quasi-disparition de la *poule mouillée*, personne timorée manquant de courage. En revanche, tout va bien pour les locutions : *quand les poules auront des dents* (jamais) ; *tuer la poule aux œufs d'or* (ruiner, détruire par bêtise ou par avidité) ; *être comme une poule qui a trouvé un couteau* (être très embarrassé). Avec la raréfaction des poulaillers, dit-on encore *se coucher* ou *se lever avec les poules* (très tôt) ?

Face de carême (une)

Cette face-là présente un visage blême, froid, émacié, « comme s'il portait la marque des privations », dit le *Dictionnaire de l'Académie française*. Si l'on fait jeûne, abstinence et prière pendant les quarante jours du carême, la mine s'en ressent, fatalement. On maigrit, on a l'air austère, et même sinistre. Les personnes de sombre physionomie ne manquent pas, mais les *faces de carême*, les *figures de carême*, les *têtes de carême* se font rares dans la conversation parce que le carême n'est plus pratiqué que par une infime minorité de catholiques.

« *Mais je vous le jure, monsieur l'Observateur, ces têtes de carême ne viendront plus ici me faire la nique très longtemps.* »

Julien Gracq,
Le Rivage des Syrtes.

Hep !

Arriver ou *venir comme mars en carême*, inévitablement ou opportunément, se dit encore. Jolie variante : *arriver comme marée en carême.*

Passer à la casserole

Il en est de *passer à la casserole* comme des *bagatelles de la porte* (voir page 26), l'expression a une connotation sexuelle qu'elle n'avait pas initialement. Cela signifiait être frit, être cuit, se retrouver piégé. Puis, l'expression s'est appliquée à une femme qui, consentante ou moralement obligée, a fait l'amour avec un homme impatient de conclure. Il l'a « sautée ». La casserole est donc toujours là.

« Il n'avait pas oublié la netteté avec laquelle elle avait défendu ses cuisses sur le chemin de Dahouët (…). Grand admirateur de Costals, il n'était pas en peine d'imaginer ce que son héros, amoureux de Sophie (…), lui eût dit en pareille occasion : "Ma petite vieille, c'est au choix de la cliente : ou vous passez à la casserole ou vous avez le bonsoir du monsieur." »

Jacques Laurent,
Le Petit Canard.

Hep !

L'expression n'est guère élégante. Elle sent son macho. L'idée d'associer les plaisirs de la cuisine et de la chambre est pourtant séduisante. On retrouve la même alliance dans l'expression *remettre le couvert*, refaire l'amour.

En avoir sa claque

Les expressions pour dire la lassitude et l'exaspération sont nombreuses : *en avoir marre, en avoir ras le bol, être à bout, casser les pieds*, etc. Plus les locutions qui placent l'irritation fulminante au-dessous de la ceinture : *en avoir plein le cul, casser les couilles, faire chier* (celle-ci étant notoirement la plus employée).

En avoir sa claque pâtit de la concurrence. Cette claque vient du verbe claquer, mourir. Si ça continue, je ne vais pas pouvoir résister, mes nerfs vont lâcher, je vais crever d'exaspération...

> « *"Oh vieux, dit le gars de Semur, tu ne dors pas ?*
> *— Non.*
> *— Je commence à en avoir ma claque"*, il me dit. »
> Jorge Semprun,
> *Le Grand Voyage.*

Hep !

Dans le même registre il y a aussi *en avoir soupé*. On est repu des mauvaises manières ou des paroles idiotes de quelqu'un. On en a par-dessus la tête d'une affaire qui n'en finit plus… *J'en ai soupé*, je n'en peux plus !

« *Ah ! bien merci ! Elle en avait soupé des hommes !* »

Raoul Ponchon,
La Muse au cabaret.

« *On commence à en avoir soupé des oracles, des joyeuses victimes et des mères admirables.* »

Jean Cocteau,
La Machine infernale.

Prendre la clef des champs

Quelle jolie métaphore ! La clef des champs, c'est la liberté. Ouverture de l'horizon, vastes étendues… *Avoir la clef des champs* : être libre de choisir son chemin. *Donner la clef des champs* : donner la liberté. *Prendre la clef des champs* : conquérir sa liberté, partir, fuir.

« Puis un jour elle a pris la clef des champs
En me laissant un mal funeste... »

Georges Brassens,
Une jolie fleur.

Hep !

Autre extrait d'une chanson de Georges Brassens :

« Je bats la campagne
Pour dénicher la
Nouvelle compagne
Valant celle-là. »

Auprès de mon arbre.

Le chanteur-poète emploie l'expression *battre la campagne* dans son acception de recherche, d'exploration. *Battre les routes, la forêt, le pays*, peut également se dire. *Battre la campagne* signifie aussi, quand l'expression s'applique à l'esprit, rêver de tout et de rien, déraisonner, divaguer.

Des clous !

« — *Tu lui avais tout de même bien promis qu'elle hériterait de ton commerce.*

— *Des clous !* »

Raymond Queneau,
Le Dimanche de la vie.

Des clous ! exprime un non catégorique, cinglant et ironique. Locution exclamative très employée dans ma jeunesse, suivie généralement d'un oui (*Des clous, oui !*) qui ajoutait un peu de condescendance.

Des nèfles ! exprime un refus plus distingué ; *mon cul !*, plus vulgaire.

L'expression *peau de balle et balai de crin !* (voir page 116) est de la même famille des béni-non-non.

S'acheter une conduite

C'est décider d'abandonner une existence condamnable, pour le moins blâmable, pour s'assagir, se ranger, devenir raisonnable, changer de comportement et même de vie. *S'acheter une conduite*, c'est adopter une bonne conduite.

« Vois-tu, mon pauvre Ernest, nous n'avons plus qu'à nous acheter une conduite et à nous faire honnêtes hommes... »

Jean Lorrain,
La Maison Philibert.

Hep !

En achetant une conduite intérieure, l'on devrait aussi sur la route *s'acheter une conduite*.

En tenir une couche

Ou *en avoir une couche*. Une couche d'ignorance, de bêtise. L'esprit épais. Celui qui *en tient une couche* est un idiot patenté.

> « *Le matelot sorti, il dit à Corne :*
> — *Ce que t'en as une couche, quand même.* »
> Marcel Aymé,
> *La Table-aux-crevés*

Hep !

Le même Marcel Aymé emploie aussi cette expression pour qualifier un homme niais : *cucul la rainette*. On use toujours, moi le premier, de la jolie expression *cucul la praline*, qui apporte une nuance de naïveté. Dit-on encore *con comme la lune* ? Oui. Pourtant, depuis que l'homme a gambadé dessus, elle paraît plus respectable. *Bête comme ses pieds* et *avoir un petit pois dans la tête* restent des classiques. Plus moderne : *relou*, verlan de lourd.

Ça vous la coupe !

Ça te, ça vous, ça me, ça nous la coupe ! Bref, ça t'étonne, ça vous déconcerte, ça m'ébaubit, ça nous laisse coi ! Et ça coupe quoi ? Le sifflet ? La parole ? La respiration ? Les jambes ? Non, *ça nous coupe la chique*, boulette de tabac que jadis l'on mâchait comme l'on mâche aujourd'hui du chewing-gum. La nouvelle est si inattendue que l'on s'arrête de mâcher et que l'on reste muet de stupéfaction.

« Ça vous la coupe, dit Poil de Carotte. (…) Ne vous découragez pas, vous en verrez d'autres. »

Jules Renard,
Poil de Carotte.

Hep !

L'usage n'a heureusement pas coupé beaucoup d'autres expressions où l'on continue de couper allègrement : *la poire en deux, les cheveux en quatre, le cordon ombilical, les vivres, les ponts, ses effets à quelqu'un,* etc.

Changer de crèmerie

Au dix-neuvième siècle, une crèmerie était un restaurant modeste, bon marché, attenant au magasin d'un crémier et avec lequel, souvent, il communiquait. *Changer de crèmerie*, c'est changer de restaurant, de café, et, en règle générale, quitter un lieu pour un autre où l'on espère être mieux.

« Si on changeait de crèmerie ? dit-il. On se fait vieux sur ces banquettes... »

Aragon,
Aurélien.

Hep !

La tradition veut qu'on écrive crémerie avec un accent aigu, alors que la crème prend un accent grave. Crèmerie est plus logique. Les deux orthographes étant admises par les dictionnaires, on peut espérer que la crèmerie finira par l'emporter.

Chercher des crosses

Le mot noise, synonyme de querelle, est si vieux qu'il a quasiment disparu, sauf dans l'expression recherchée mais toujours vivace *chercher noise* ou *chercher des noises*. En revanche, *chercher des crosses* – de crosser, pousser avec une crosse, puis taper dessus, donc provoquer une dispute –, est une locution qui a perdu de sa vigueur. Elle fait très moderne, pourtant.

« Il s'apprêtait à traverser la rue pour pénétrer dans l'immeuble de ses cousins quand deux de la rue Bachelet, plus âgés que lui, (…) vinrent, comme on disait, "lui chercher des crosses". »

Robert Sabatier,
Les Allumettes suédoises.

Crotte de bique (de la)

Nul. Rien. Une métaphore méprisante. Bien plus insultante que sous-fifre et sous-verge. *De la crotte de bique* : de la merde, quoi !

« *Et naturellement beaucoup plus important que les deux autres sous-secrétaires généraux qui sont de la crotte de bique à côté.* »

Albert Cohen,
Belle du Seigneur.

« *Mes beaux messieurs, vous m'avez méprisé, vous m'avez traité comme crotte de bique, mais c'est moi le plus fort maintenant...* »

Jean Anouilh,
Le Scénario.

Les chèvres font de petites crottes rondes et noires. Jolies, mais assez ridicules si l'on compare leurs excréments au volume de l'animal. Les chapelets de crottes abandonnés par les troupeaux de chèvres sont dérisoires. Elles jouent aux Petit Poucet. Et quand on remplace le mot chèvre par son synonyme péjoratif *bique* (*grande bique*, *vieille bique*), la déconsidération est encore plus affirmée.

Hep !

Très vieillie, presque disparue, la locution *bique et bouc*, bisexuel. On lui préfère *à voile et à vapeur.*

En deux coups de cuillère à pot

La cuillère reste un objet de table très utilisé dans deux expressions : *ne pas y aller avec le dos de la cuillère, être à ramasser à la petite cuillère. Être né avec une cuillère d'argent dans la bouche* (né riche) est une référence sociologiquement un peu vieillie. *Serrer la cuillère*, la main, pâtit de la régression de l'argot. Reste *en deux coups de cuillère à pot*, naguère aussi populaire que les deux premières expressions citées plus haut, mais qui décline lentement, et non pas, par chance, rapidement, soudainement, en un temps très bref, ce que signifie ladite expression.

De naissance incertaine, elle est peut-être issue de cantines de soldats et de prisonniers où l'on avait vite fait de vider la marmite ou la gamelle en deux coups de louche ou de cuillère. Des écrivains ne se contentent pas de deux coups. Ils poussent jusqu'à trois, quatre, et même cinq coups de cuillère !

« *En cinq coups de cuiller à pot, Gaïa fut à la mode.* »

Léon-Paul Fargue,
Le Piéton de Paris.

Du diable si…

Le diable n'est pas mort, mais il n'est plus aussi présent qu'autrefois dans nos conversations. Preuve en est dans le *Littré* la très longue litanie d'expressions qui se réfèrent à lui. Beaucoup ont disparu. Le langage dit le déclin de la position religieuse et sociale du diable.

Cependant, de solides expressions comme *tirer le diable par la queue, avoir la beauté du diable, se démener comme un diable, envoyer au diable*, etc., lui assurent encore une rente de situation.

Les locutions *le diable m'emporte si…* et *ce serait bien le diable si…* sont soit du langage populaire tel qu'on peut l'entendre encore dans certaines régions comme la Franche-Comté, soit du français un peu recherché. Elles expriment une certitude, une opinion tranchée, elles appuient une observation ou un raisonnement. *Du diable si…*, plus ramassée, plus élégante, dit la même chose, mais elle est de moins en moins usitée.

« Comment, c'est cela que vous appelez remercier ! s'écria mon grand-père. J'ai bien entendu cela, mais du

diable si j'ai cru que c'était pour Swann. Vous pouvez être sûres qu'il n'a rien compris. »

Marcel Proust,
Du côté de chez Swann.

Hep !

Quelques défuntes expressions avec le diable tirées du *Littré* : *le diable bat sa femme et marie sa fille* (il pleut et il fait soleil en même temps) ; *c'est le diable à confesser* (impossible d'obtenir un aveu, une confidence) ; *c'est la poupée du diable* (femme mal habillée) ; *brûler une chandelle au diable* (flatter un méchant pouvoir pour en obtenir une faveur) ; *crever l'œil au diable* (agir en dépit des envieux)…

Nettoyer les écuries d'Augias

Quoique roi, Augias était un sale bonhomme. Il promit à Héraclès (Hercule) de lui donner le dixième de son troupeau s'il réussissait à nettoyer ses immondes écuries. Héraclès y parvint en une journée en ne détournant pas moins de deux fleuves. (Augias refusant de tenir sa promesse, Héraclès le tua plus tard…)

Nettoyer les écuries d'Augias – sixième des douze travaux d'Hercule –, c'est donc métaphoriquement faire une grande lessive dans une société malhonnête ou corrompue. Pour cela, il faut beaucoup de courage et de volonté. À moins que ce ne soit utopique.

« C'est fini, tout ça. On va nettoyer les écuries d'Augias, monsieur Vachaud. Elle aura au moins ça de bon, la débâcle des foutriquets, qu'elle va permettre aux vrais Français de les mater… »

François Nourissier,
En avant, calme et droit.

C'est égal !

Pourquoi les auteurs comiques, comme Jarry ou Feydeau, faisaient-ils souvent dire à leurs personnages : *c'est égal* ? Parce que c'est plus drôle que « quoi qu'il en soit » ou « tout de même » ou « malgré tout ».

« Alfred : C'est égal ! nous l'aurons gagné notre mariage !... »

Feydeau,
Les Fiancés de Loches.

Le *Dictionnaire de l'Académie française* a raison de pousser plus loin l'analyse de l'expression. *C'est égal !* peut marquer aussi « la surprise, l'incrédulité ou même l'indignation ». Tout est alors dans la manière dont est prononcée l'expression. « C'est égal, quelle bêtise ! », « C'est égal, je me suis bien fait avoir ! »

Bouché à l'émeri

Quand un bouchon a été poli à l'émeri, il occupe étroitement le goulot. Il ne laisse rien passer. Par analogie, un type *bouché à l'émeri* est fermé à toute connaissance. La lumière ne peut pas entrer dans son cerveau. Il est borné.

« Peut-être suis-je bouché à l'émeri, comme on disait chez Anatole France, à moins que je ne sois tout

simplement grave de chez grave, comme on ne dit pas
chez Proust. »

Pierre Assouline,
Le Monde 2, 16 février 2008.

Cette citation de Pierre Assouline est particulièrement intéressante parce qu'en une seule
phrase il marque l'aspect désuet de l'expression
bouché à l'émeri et il en donne l'équivalent dans le
langage des jeunes d'aujourd'hui, grave signifiant
dérangé mentalement. (Voir *en tenir une couche,*
page 56.)

Se tirer d'épaisseur

Je n'ai retenu cette expression que parce
que je l'ai dénichée sous la plume de ma chère
Colette dont j'ai hérité le couvert à l'académie
Goncourt.

« — ... *C'est tout ce qui me reste. J'ai vendu. Je ne*
pouvais plus tenir (...).

— Au moins, ça te tire d'épaisseur, d'avoir vendu ? demanda Julie.

— Un bon moment, répondit Léon. »

Colette,
Julie de Carneilhan.

En vendant, Léon est sorti de ses embarras financiers. Il a été *tiré d'épaisseur*. Comme l'épaisseur du brouillard, de la fumée, il s'agit de celle de ses ennuis. Cette épaisseur suggère des idées de densité et d'engluement.

Sentir le fagot

Juchés sur un bûcher, les hérétiques étaient brûlés. *Sentir le fagot*, c'était donc avoir un comportement ou prononcer des paroles qui bravaient la doctrine officielle et qui pouvaient conduire au supplice du feu. Grâce à Dieu – façon de parler –, les hérésies, dissidences et contestations ne font plus dresser des bûchers sur les places publiques. On se contente de brûler les voitures.

Par extension, on dira d'une personne qui inspire de la méfiance, dont la compagnie peut se révéler dangereuse, qu'elle *sent le fagot*.

« *C'est que, bien que sortis du peuple, Marc Bernard et ses semblables, aux yeux des révolutionnaires orthodoxes, sentaient le fagot.* »

Roger Grenier,
Instantanés.

Hep !

Sentir le roussi est plus compromettant que *sentir le fagot*. On s'est déjà un peu brûlé...

Fille de joie (une)

« *Bien que ces vaches de bourgeois
les appellent des filles de joie,
c'est pas tous les jours qu'elles rigolent
parole, parole,
c'est pas tous les jours qu'elles rigolent...* »

Georges Brassens,
La Complainte des filles de joie.

Dès le premier couplet de sa chanson, Georges Brassens relève la bizarrerie, la « vacherie » d'appeler *filles de joie* des femmes qui donnent plus de plaisir qu'elles n'en reçoivent. Il y a pire : dans son *Dictionnaire de synonymes, mots de sens voisin et contraires*, Henri Bertaud du Chazaud donne une liste impressionnante de vocables grossiers qui désignaient ou désignent encore la prostituée.

Autrefois, le mot *fille* suffisait à nommer une jeune femme aux amours tarifées. On lui ajoutait un complément de lieu ou de clientèle : *fille des rues, fille à matelots, fille à soldats, fille publique*, etc. Plus hypocrite, *fille de joie* est quand même plus élégant.

> *« Je le trouvai en conversation avec une fille de joie qui tenait boutique de l'autre côté de la rue. »*
>
> Pierre Mac Orlan,
> *Sous la lumière froide.*

N'être pas une flèche

Dire d'une personne que c'est une flèche, c'est considérer qu'elle possède des qualités qui en font une championne dans son domaine. Mais la comparaison s'emploie presque toujours négativement. *Ce n'est pas une flèche !* Elle n'est pas très intelligente ni maligne. Elle est en retard sur les autres.

> *« Ah ! le mauvais élève ! Eh bien j'en connais un rayon là-dessus, parce que j'étais pas une flèche à l'école, c'est moi qui te le dis. »*
>
> Daniel Pennac,
> *Chagrin d'école.*

Hep *!*

D'autres mots et expressions s'emploient quasiment toujours dans une forme négative. Ainsi en a décidé l'usage. *Ne pas barguigner* ; *ne pas lésiner* ; *ce n'est pas de la tarte* ; *n'en faire qu'à sa tête* ; *ce n'est pas la mer à boire* ; *sans crier gare*, etc.

Avoir du foin dans ses bottes

Même les citadins qui ne savent pas distinguer le blé de l'orge devinent qu'*avoir du foin dans ses bottes* signifie avoir du bien, disposer de beaucoup d'argent, être riche. *Mettre du foin dans ses bottes*, c'est s'enrichir. Pour un paysan, le foin engrangé pour l'hiver était indispensable à la possession d'un troupeau dont il tirerait profit l'année suivante. (Voir aussi l'expression *avoir de quoi*, page 127.)

« *Certes on pouvait ressusciter cette vieille bâtisse, mais il fallait avoir du foin dans les bottes comme on disait chez moi à la campagne.* »

Jean-Paul Kaufmann,
La Maison du retour.

« *Je ne veux pas que tes bourgeois se foutent de ma gueule. Ils sont nés avec du foin dans les bottes, eux.* »

Jean Giono,
Les Âmes fortes.

Hep !

Comme les radis, les asperges et le blé, le foin est mis en bottes. Mais, en l'occurrence, il s'agit des bottes, sûrement en cuir, du propriétaire. On retrouve le mot botte dans de nombreuses expressions populaires : *cirer, lécher les bottes* à quelqu'un, se montrer servile et courtisan ; *chier dans les bottes* de quelqu'un, l'exaspérer en passant la mesure ; *en avoir plein les bottes*, être fatigué ou excédé ; *vivre sous la botte* d'un tyran ou d'un régime autoritaire ; *droit dans ses bottes*, inflexible, tenir ferme, etc.

Il y a aussi, tirée du langage de l'escrime, l'expression *proposer la botte* (voir page 36).

C'est trop fort !

Voilà une expression exclamative qu'on entendait beaucoup dans des pièces de boulevard. *C'est trop fort !* marquait à la fois la surprise et la réprobation. La mesure avait été dépassée et il était juste qu'on manifestât d'un cri un courroux ironique.

« *Élodie : Tu mens ! Tu ne pensais qu'à toi, pas à moi ! C'est moi qui ne pensais qu'à toi ! Mais maintenant, moi, je pense à moi !*

Adolphe : C'est trop fort ! Tu n'as pensé qu'à moi, toi ? »

Jean Anouilh,
*Le Boulanger, la Boulangère
et le Petit Mitron.*

À rapprocher de l'expression *c'est un peu fort de café !* (page 46) et de cette autre expression exclamative démodée *à la bonne heure !* (page 86).

Hep !

Dans le même registre de la stupeur plus ou moins outrée, relevons aussi l'expression *elle est forte, celle-là !* qui a donné une variante moderne, plus amusée : *elle est bien bonne, celle-là !* Quant à *c'est trop !*, expression qui fait fureur chez les enfants, elle exprime leur plein de contentement ou d'émerveillement.

Plier les gaules

Expression connue des pêcheurs à la ligne, une gaule étant tout simplement une canne à pêche. *Plier les gaules*, c'est décider qu'il est temps de ranger le matériel et de laisser les poissons en paix. Hors de son contexte halieutique, on emploie l'expression pour signifier métaphoriquement qu'on arrête telle action et qu'on s'en va, soit qu'on y a été contraint, soit qu'il n'y a plus rien à espérer. *Plier les gaules*, c'est partir après un échec.

L'expression est particulièrement bien utilisée dans cet éditorial de *L'Équipe*, publié le surlendemain de la défaite et de l'élimination de l'Olympique Lyonnais en Coupe d'Europe :

> « *Maintenant que Lyon a plié les gaules en Ligue des champions…* »

L'Équipe, 6 mars 2008.

Le jeu de mots n'a pas échappé aux Lyonnais : la première église de la Gaule fut fondée à Lugdunum. C'est pourquoi l'archevêque de Lyon a droit au titre de « primat des Gaules ». De la cathédrale Saint-Jean au stade Gerland… Un autre calembour est possible : « Maintenant que Lyon a plié les goals… »

Peigner la girafe

Peigner la girafe est une activité qui consiste à ne rien faire. Expression moqueuse destinée aux rêveurs, paresseux ou tire-au-cul.

« *… Je pourrais très bien, avec le petit, courir la prétentaine ou le guilledou* [voir page 83], *peigner la girafe, cueillir des fraises, mouiller du fil…* »

Jacques Perret,
La Composition de calcul.

Selon Jacques Cellard, à son origine — mais quand ? où ? personne n'a fait mieux que Claude Duneton qui en a retrouvé la première trace dans le *Nouveau Larousse illustré* de 1898 —, l'expression était : *faire ça ou peigner la girafe !* On est là dans le désabusement : faire ça ou ne rien faire, peu importe, cela revient au même, c'est inutile.

Sortir de ses gonds

C'est, soudain, piquer une colère, ne pas pouvoir se retenir de fulminer. *Sortir de ses gonds*, c'est s'emporter. On peut *sortir soi-même de ses gonds*, ou *faire sortir*, ou *mettre*, ou *jeter quelqu'un hors de ses gonds*. L'image est amusante et forte, car on imagine une porte, scandalisée par ce qu'elle vient d'entendre, s'arracher de ses ferrures pour violemment protester.

« *Le Comte : Du calme. Du calme. J'espérais vous émouvoir assez pour vous faire sortir de vos gonds.* »
Jean Cocteau,
L'Aigle à deux têtes.

(Voir aussi l'expression *soupe au lait*, page 132.)

Jeter sa gourme

La gourme était une inflammation purulente du visage et du cuir chevelu chez les enfants et les adolescents. Au sens médical, *jeter sa gourme* c'était éliminer les mauvaises humeurs. D'une manière figurée, c'était accomplir des actes, le plus souvent des frasques, qui faisaient entrer le jeune homme chez les adultes. J'emploie le passé parce que la gourme a heureusement disparu (l'impétigo en étant une variante). Et l'expression, vieillie selon *Le Petit Larousse* et *Le Petit Robert*, s'efface elle aussi.

« ... *Il faut voir à l'heure où le bon Pasteur conduit ses brebis à la Villette, à l'heure où le fils de famille jette avec un bruit mou sa gourme sur le trottoir...* »

Jacques Prévert,
Paroles.

Hep !

Pour les jeunes filles, on employait la très jolie locution *jeter son bonnet par-dessus les moulins*, se libérer de toute contrainte, y compris sa vertu.

Avoir les grelots

Le mouvement de la porte faisait tinter la sonnette. La marche du troupeau fait résonner les grelots attachés au cou des bêtes. De même, quand le danger, réel ou fictif, menace, on tremble et, si l'on avait des grelots, on en entendrait le son. *Avoir les grelots*, c'est avoir peur.

« ... *Il tenta de siffloter mais n'y parvint pas. Il murmura : "Qu'est-ce que j'ai eu les grelots !" Et cette peur (...) lui donna une impression de fragilité, de faiblesse.* »

Robert Sabatier,
Les Trompettes guerrières.

Hep !

La première fois que je rencontrai Pierre Perret, il me dit avant de nous séparer : « Je te passe un coup de grelot ! » Je n'ai pas compris tout de suite qu'à sa manière il me promettait de me téléphoner.

Conduite de Grenoble
(faire une)

Expression devenue très rare. En voie de disparition totale. Elle trouve son origine dans une bagarre ayant opposé aux portes de Grenoble des compagnons d'obédiences rivales. *Faire une conduite de Grenoble*, c'est soit mettre brutalement une personne à la porte, soit la raccompagner en la molestant et en l'injuriant.

« C'était l'un des aspects amusants, l'autre soir, de l'émission de Thierry Ardisson qui recevait l'un des conseillers du président Bush, un publiciste dont le journal s'était permis de faire un portrait caricatural des Français. Le public de Thierry Ardisson lui aurait volontiers fait une conduite de Grenoble. »

Jean-Marie Rouart,
Le Figaro littéraire, 19 juin 2003.

Autrement dit, le public, qui a probablement hué l'Américain, l'aurait volontiers raccompagné sous les quolibets, avec des gestes violents.

Hep !

Les Grenoblois emploient-ils encore l'expression ? La lit-on encore dans *Le Dauphiné libéré* ? De même que les Limougeauds n'aiment guère le verbe dépréciatif *limoger* (parce que c'était à Limoges que Joffre envoyait se faire oublier les généraux incompétents), les Grenoblois n'apprécient probablement pas que le nom de leur ville soit mêlé à une action brutale et haineuse.

Manger la grenouille

Jadis, les tirelires prenaient souvent la forme d'une grenouille (le petit cochon est plus récent). *Manger la grenouille* ou *faire sauter la grenouille* signifiait donc que les économies avaient été dilapidées. L'expression était surtout employée pour une association dont la cagnotte avait soudain fondu ou disparu. D'une personne indélicate qui est partie avec la caisse, on dit qu'elle a *mangé la grenouille*.

« En attendant il faut le capital et, de ce côté-là, feu les de La Goudalie d'Husson de Saint-Souplet ont mangé la grenouille, comme dit Louis pensif en rassemblant les miettes de pain avec son couteau... »

Éric Fottorino,
Korsakov.

Hep *!*

Le proverbe « Il n'y a pas de grenouille qui ne trouve son crapaud » est fondé sur une absurdité biologique. Grenouilles et crapauds forment deux espèces différentes. L'explication de ce proverbe est celle-ci : il n'est pas de fille, si laide soit-elle, qui ne trouve un mari. Les grenouilles étant un peu plus girondes que les crapauds, ne faut-il pas comprendre plutôt qu'une fille trouvera toujours à se marier avec un homme, encore plus disgracié qu'elle ?

S'en soucier comme
d'une guigne

La guigne est une petite cerise. Une seule guigne, ce n'est donc pas grand-chose. *Se soucier* de quelqu'un, d'un événement ou d'un travail *comme d'une guigne*, ce n'est pas s'en soucier. C'est s'en moquer, s'en balancer, s'en ficher, s'en foutre, quatre verbes forts, très expressifs, qui ont supplanté la pauvre petite guigne. Et plus encore l'archaïque et distinguée expression *peu me chaut*.

« *Tu te soucies de mon plaisir comme d'une guigne !* »

Michel Tournier,
Le Roi des Aulnes.

« *Moi qui n'ouvre jamais un livre et qui me soucie de littérature comme d'une guigne...* »

Michel Tournier,
Les Météores.

« Que les chevaux fussent absents des écuries, les garçons s'en souciaient comme d'une guigne… »

Christine de Rivoyre,
Le Petit Matin.

Hep !

La guigne de l'expression *avoir la guigne*, être malchanceux, est sans rapport avec la petite cerise. Cette guigne vient du guignon, sorte de mauvais œil qui poursuit un individu, joueur ou pas. Mais le guignon a louché du côté de la cerise, de sorte que par contamination l'expression *avoir la cerise* est devenue synonyme d'*avoir la guigne*.

(Voir aussi *se moquer du tiers comme du quart*, page 104.)

Courir le guilledou

Comment ne pas aimer cette charmante expression ? Hélas ! vieillie, remarquent fort justement *Le*

Petit Larousse et *Le Petit Robert.* D'origine incertaine, elle serait née, selon *Le Grand Robert*, de l'union de *guiller*, tromper, séduire, dans l'ancien français, et de l'adverbe *doux*. Et, selon Claude Duneton, elle serait issue de l'ancienne expression *courir le guildron*, ou *guildrou*, courir l'aventure ou les mauvais lieux.

Mais tout le monde est d'accord pour écrire que *courir le guilledou*, c'est partir en quête d'aventures amoureuses ; « et faciles », ajoutent les académiciens dans leur dictionnaire. Faciles ? Ils sont fortiches, les Immortels !

> « C'était un crapoussin bonasse et un jovial compère que ce commerçant coureur de guilledous. »
> Joris–Karl Huysmans,
> *Marthe, histoire d'une fille.*

Hep !

C'est le verbe draguer qui a rangé le guilledou dans l'armoire aux souvenirs. Il a aussi démodé une autre avenante expression dont on se servait pour dire la même chose : *courir la prétentaine.*

C'est la fin des haricots

Locution archiconnue des plus de quarante ans et que les jeunes, en saisissent-ils le sens, n'emploient plus.

C'est la fin des haricots est l'équivalent, façon féculent, de l'expression légumière *les carottes sont cuites*. Tout est fichu, c'est la fin de tout, il n'y a plus d'espoir…

À propos d'une lecture sur ordinateur du poète Henri Michaux, Pierre Assouline s'écria :

« *Lorsqu'on veut lire Michaux uniquement pour le lire, ce qui est le cas de la majorité des gens qui le lisent, on achète le livre, ou c'est la fin des haricots.* »
Pour une nouvelle dynamique
de la chaîne du livre.

Autrefois, les enfants jouaient aux cartes, aux dés ou aux osselets en se servant des haricots comme jetons. La fin des haricots signifiait pour un joueur la perte de son capital et de la partie.

Hep !

Il nous court sur le haricot, il nous pèle le haricot ! Manière de dire qu'il nous ennuie, qu'il nous embête, qu'il nous *casse les couilles* (cette dernière expression n'est pas en danger...).

À la bonne heure !

Le point d'exclamation est capital, car ces quelques mots n'ont pas pour but de marquer l'exactitude ou l'opportunité. C'est une interjection qui veut souligner le consentement, l'approbation. *À la bonne heure !* Enfin, vous êtes d'accord avec moi ! Enfin, vous ne vous entêtez plus ! Enfin, vous voilà raisonnable ! Au constat d'acquiescement par l'autre s'ajoute la satisfaction d'avoir été entendu ou obéi.

« Il avait quasiment placé la coupe contre ma poitrine. D'instinct je m'en saisis pour éviter tout incident, mais dans la ferme intention de la déposer sur la table.

"À la bonne heure ! dit M. Arnold. Maintenant, buvons !" »

Pierre Assouline,
Lutetia.

Quelques vieilles personnes emploient encore cette expression qui, naguère, était courante, surtout dans les conversations entre grands-parents et petits-enfants. *À la bonne heure !* servait à exprimer la satisfaction de l'aïeul(e) de voir l'enfant ou l'adolescent s'amender, se reprendre, faire le bon choix. Son aspect moralisateur a probablement causé du tort à une expression pourtant plaisante et subtile.

La semaine des quatre jeudis

Gardienne du français, l'Éducation nationale nous a fichu en l'air une expression utile et amusante en remplaçant le jeudi sans école par le mercredi. *La semaine des quatre jeudis*, vœu utopique des assujettis au cartable. Autrement dit, jamais.

« *À la vérité (…), je ne pense pas qu'il faille passer sa vie à attendre des semaines de quatre jeudis pour sombrer tout à coup dans l'éternel jeudi de l'éternelle semaine où il n'y aura plus de semaines et où il n'y aura plus de jeudis.* »

> Pascal Quignard,
> *Le Salon du Wurtemberg.*

On aurait pu adapter l'expression aux nouveaux usages scolaires. Mais « la semaine des quatre mercredis » est restée dans les cartons.

Hep !

Claude Duneton rappelle qu'avant d'arriver à quatre, il y eut d'abord *la semaine des deux jeudis*, puis *des trois*. Le jeudi appartenait à l'Église qui autorisait à faire gras ce jour-là. Des semaines où autant de bombance serait autorisée, les chrétiens n'en connaîtraient évidemment jamais.

C'est parti, mon kiki !

Dans les années soixante et soixante-dix, cette expression était une scie. Pour toute chose qui débutait, on lançait joyeusement — parfois ironiquement : *c'est parti, mon kiki !* On y va, c'est commencé, ça marche, le sort en est jeté… Mieux vaut y aller franc-jeu que de lanterner…

« Tout à l'heure, le ramassage du Dépôt va s'effectuer et après, c'est parti mon kiki… »
Antoine Blondin,
Monsieur Jadis ou l'école du soir.

Hep !

Il a beaucoup vieilli aussi le mot *kiki*, synonyme populaire de gorge. *Serrer le kiki*, c'est étrangler. *S'en jeter un dans le kiki*, c'est boire un coup.

Avoir un bœuf sur la langue

Essayez de parler avec *un bœuf sur la langue*... C'est donc se taire, garder volontairement un silence obstiné. On dit aujourd'hui d'une façon plus banale : fermer sa gueule.

« Cette vieille histoire brestoise ne pouvait guère m'être utile dans mes rapports avec la police anglaise. Je mis un bœuf sur ma langue... »
Pierre Mac Orlan,
Filles d'amour et ports d'Europe.

Hep !

Ce n'est pas parce qu'une personne a *un cheveu sur la langue* (zézayer) qu'elle ne peut pas y ajouter un bœuf.

Quoique les charrues, surtout tirées par des bœufs, soient devenues très rares, l'expression *mettre la charrue devant* ou *avant les bœufs* continue d'être employée pour stigmatiser un projet ou un travail incohérent.

Aller se faire lanlaire

C'est plus gracieux qu'*aller se faire foutre* et cela signifie la même chose. *Lanlaire* est une onomatopée musicale, une fin de refrain quand il n'y a plus de parole : « la la la lanlaire ».

À chanson démodée, expression démodée. Envoyer promener une personne, la repousser sur un air d'autrefois, n'est-ce pas plus acceptable pour elle que d'*être envoyée paître, au bain* ou *sur les roses* ?

« Il y avait toujours un père de famille ou deux qui me disaient dans les coins : "Il ne doit pas s'ennuyer le forgeron." Certes non, il ne s'ennuyait pas (…). Des fois je lui donnais ce qu'il voulait, mais comme un os à un chien. D'autres fois, carrément, il pouvait aller se faire lanlaire. »

Jean Giono,
Les Âmes fortes.

« Et ne venez pas me dire
Qu'il est trop tôt pour mourir
Avec vos aubes plus claires
Vous pouvez aller vous faire lanlaire. »

Barbara,
À mourir pour mourir.

S'entendre comme larrons en foire

Grâce à Dieu, ou plutôt à son fils Jésus, flanqué de part et d'autre de la croix où il agonise d'un bon et d'un mauvais larron, nous savons que l'un et l'autre sont des brigands. Pour l'apprendre, encore faut-il aller au catéchisme. On peut aussi lire La Fontaine, à condition de s'arrêter à la fable *Les Voleurs et l'Âne* où l'on lie connaissance avec le troisième larron. Pour *Le Petit Robert*, qu'il soit brigand ou simplement voleur, le larron est de toute façon un mot vieux ou vieilli.

Il est pourtant, le mot, pas le personnage, de bonne compagnie. Surtout dans l'amusante expression *s'entendre comme larrons en foire*, s'entendre merveilleusement, se compléter très bien, comme deux voleurs de mèche pour berner des gens de la foire.

« *Cocteau entreprit la conquête d'Albert Thomas ; ils s'entendirent comme larrons en foire.* »
Jean Hugo,
Le Regard de la mémoire.

Hep !

Il y a aussi le proverbe « L'occasion fait le larron ». Si tous les larrons que je viens de citer veulent bien s'unir, peut-être parviendront-ils à rajeunir le mot qui les désigne ?

Beau linge (du)

Locution familière qui désigne non sans ironie des femmes élégamment vêtues et, plus généralement, les gens chics, les gens riches et puissants de la bonne société. «Y a du beau linge ! » s'exclamaient les titis parisiens sous leurs casquettes montmartroises.

« Des taxis passaient, rouges et noirs ; découverts, avec du beau linge sur les banquettes. »
Raymond Guérin,
L'Apprenti.

Hep !

On continue avec énergie et discrétion de *laver son linge sale en famille*. L'invention et la démocratisation de la machine, qui lave ensemble caleçons, torchons et serviettes, ont même ajouté de la pertinence à l'expression.

Pas de ça, Lisette !

Pas de ça, Lisette ! est une expression exclamative dont on ne saurait dire, comme les histoires drôles, qui en est l'inventeur. Le plus simple et le plus juste est de répondre : le peuple. Et le peuple s'est exclamé, avec autorité et familiarité, qu'il n'en est pas question, Lisette, que c'est non, non et non.

« … T'es-tu crêpé le chignon avec une camarade, as-tu été ramassée dans un ruisseau, insultant la force armée, que tu sois sans abri et que tu veuilles te suicider ? Pas de ça, Lisette, continua l'impitoyable blagueur… »
Joris-Karl Huysmans,
Marthe, histoire d'une fille.

Hep !

L'expression *se crêper le chignon*, qui ouvre la citation, lorsqu'elle est employée métaphoriquement pour relater l'opposition violente entre deux femmes, est jugée péjorative par les féministes.

Jouer du manicordion

« Ah oui, manicordion ! C'est un mot que j'ai découvert et qui m'amuse beaucoup. Comme je le précise dans Une fête en larmes, *ce mot désigne un instrument à cordes du genre du clavecin. Mais ce terme fut surtout utilisé par allusion. Lorsque l'on disait : "elle joue du manicordion", cela signifiait qu'elle avait une aventure sentimentale clandestine ! Je ne connaissais ni cet instrument ni cette expression ! D'ailleurs j'ignore toujours pourquoi on disait ça… »*

Jean d'Ormesson,
Classica, octobre 2005.

Les *Petit* et *Grand Larousse* ne connaissent pas le son du manicordion, non plus *Le Petit Robert*. Mais *Le Grand Robert* — qui l'écrit aussi manichordion ou manicorde — a l'oreille fine. Il précise que c'est un instrument à cordes en usage en France avant le seizième siècle, « sorte de cithare à clavier de deux octaves ».

Est-ce à cause de ces deux octaves que l'expression *jouer du manicordion* imposa jadis sa musique dans la galanterie ? Claude Duneton confirme dans son *Bouquet des expressions imagées* qu'elle s'applique à une femme qui a depuis longtemps une liaison secrète. Et qu'elle signifie aussi « se prostituer ». Peut-être jouait-on du manicordion à quatre mains ?

Hep !

Jouer du manicordion est une expression complètement désuète. Morte. C'est pour faire plaisir à Jean d'Ormesson que je l'ai retenue.

Maigre comme
un coup de trique

Ou *sec comme un coup de trique.* Très maigre, juste la peau et les os. Expression intéressante car, pour dire la maigreur, on évoque la vitesse et la violence du coup de bâton. En vérité, la trique était jadis un bâton qu'on passait au-dessus d'une mesure de blé ou d'avoine pour en faire tomber les grains en excédent.

« Lui ! Et toujours bouche cousue. Il était maigre comme un coup de trique. »

François Nourissier,
En avant, calme et droit.

Hep !

La maigreur a suscité beaucoup de métaphores toujours employées : *maigre comme un coucou, comme un squelette, comme un échalas, comme un cadavre ambulant, comme une planche à pain, comme un clou, comme hareng saur,* etc.

Méchant comme la gale

La gale n'est plus la maladie de peau redou-
tée d'autrefois, qui provoquait d'épouvantables
démangeaisons. Il était un peu honteux d'en être
atteint. L'acarien qui la déclenchait avait tôt fait
de sauter sur les personnes en contact avec le
malade. D'où la métaphore *méchant, mauvais comme
la gale*. Celle-ci étant devenue rare, l'expression est
beaucoup moins utilisée.

« *Une sainte-nitouche* [voir page 130]. *Elle vous
parlait avec la bouche en cul de poule, les yeux baissés
et elle vous disait des horreurs. Une remontrance, et vous
étiez habillée de la tête aux pieds pour toute votre vie.
Méchante comme la gale.* »

Jean Giono,
Les Âmes fortes.

On dit aussi *méchant, mauvais comme une teigne.* La
teigne est une infection du cuir chevelu provoquée
par un champignon aussi malintentionné que
microscopique.

On dit encore *méchant, mauvais comme la peste.*

Une gale, une teigne, une peste sont des mots

qui désignent — par contagion sémantique — des personnes fielleuses et acrimonieuses. Méchantes, quoi.

Hep !

Dans la citation de Giono, on aura noté l'expression *habillée de la tête aux pieds pour toute votre vie.* On est aujourd'hui moins définitif. On se contente, quand l'on dit du mal de quelqu'un, de l'*habiller pour l'hiver.*

Laisser pisser le mérinos

« Plus de trente ans après, je vois qu'on continue à me faire un mauvais procès comme ayant été "maoïste". Je laisse courir, je me suis expliqué cent fois sur ce sujet, mais visiblement en vain. Le sage Marcel Duchamp a raison : il faut laisser pisser le mérinos. »

Philippe Sollers,
Un vrai roman.

La signification de la locution *laisser pisser le mérinos* est donnée par Philippe Sollers dans la phrase précédente : laisser courir, laisser aller les choses. Tant pis, ne plus intervenir, s'en remettre au temps. Mon condisciple lyonnais du pensionnat Saint-Louis, Gérard Faye, qui allait devenir vétérinaire, employait souvent cette expression.

Le mérinos est un mouton de race espagnole, et l'on se demande bien pourquoi c'est lui, plutôt qu'un leicester, un limousin ou un berrichon, qui a été choisi pour pisser où et quand il veut. Et ainsi nous rappeler qu'il faut savoir être patient ou philosophe. Le mérinos est-il un mouton à diurèse fréquente ou espacée ?

Hep !
Laisser pisser la bête est une variante.

Faire la mijaurée

Une mijaurée est une femme ou une jeune fille aux manières ou aux propos prétentieux, affectés, risibles. *Faire la mijaurée* ou *faire sa mijaurée* (le *sa* accroît le ridicule), c'est adopter un comportement guindé, à chichis.

« ... Un marmot, saisi par la colique, lui passait sous le nez, entraînant derrière lui une mère agressive, un père énervé, ou une grande sœur faisant sa mijaurée... »
Raymond Queneau,
Le Dimanche de la vie.

Hep !

Faire le sucré ou *faire la sucrée* est une délicieuse expression qui a quasiment disparu — diététique oblige ? Assez différente de *faire la mijaurée*, elle s'applique à quelqu'un qui montre des qualités de cœur : attention, douceur, délicatesse, bonté, compassion, mais qui le fait avec tant d'affectation ou d'ostentation que c'en est ridicule.

Sapé comme un milord

Pour l'avoir entendue et employée dans mes jeunes années, c'est une expression qui m'est familière. Ne la trouvant dans aucun dictionnaire, pas même dans les recueils de locutions, j'en étais arrivé à me demander si je ne l'avais pas rêvée. Ou si elle n'avait jamais réussi à franchir les frontières de ma province. Et puis, enfin, je la dénichai dans un roman de François Nourissier.

« Le jour où Louvigne, sifflant entre ses dents, remarqua : "T'es sapé comme un milord, coco !", Ludovic comprit que quelque chose clochait dans son élégance. »

L'Empire des nuages.

Pour les Français, un milord est un aristocrate anglais et, au-delà de son titre nobiliaire, tout Anglais riche et portant beau. Un type *sapé comme un milord* est donc particulièrement élégant, mais avec un excès, une affèterie qui suscite un peu d'ironie.

Faire la mine

Faire la mine est deux fois une expression : du visage et du langage. Dans l'abondance de locutions qui utilisent la mine – l'air, l'allure, la physionomie –, c'est la plus simple. Et la moins utilisée. Elle a quasiment disparu. Pourtant, elle est directe et rude. *Faire la mine*, c'est accueillir une personne avec un déplaisir marqué. C'est lui *faire la gueule* ! La gueule a effacé la mine.

> « "Ôte ton chapeau, chérie !" me dit-il. (…) C'était ce chapeau-ci, justement, et vous savez que c'est une affaire terrible pour l'installer et le retirer…
> Je ne savais pas, mais je hochai la tête, pénétrée…
> Je fais un peu la mine. Il insiste, je me dévoue, je commence à enlever mes épingles… »
>
> Colette,
> *Les Vrilles de la vigne.*

Bref, Valentine fait « un peu » la gueule à son amant parce qu'il lui a demandé de retirer son chapeau.

Faire grise mine, locution aujourd'hui très employée, n'en est pas tout à fait l'équivalent.

C'est accueillir quelqu'un ou quelque chose avec froideur, avec ennui. *Faire triste mine*, c'est avoir l'air déçu ou contrarié ou même accablé. On dit aussi *faire une mine de dix pieds de long*, expression amusante qui bouge encore.

Hep !

Dans son acception d'apparence du visage et du corps, le mot mine est... une mine ! *Avoir bonne mine, une mine satisfaite, patibulaire ; avoir une mine de papier mâché ; ne pas payer de mine ; juger sur la mine ; faire mine de... ; mine de rien*, etc.

Se moquer du tiers comme du quart

Se moquer, se ficher, se foutre du tiers comme du quart, des uns comme des autres, le tiers et le quart désignant la troisième et la quatrième personne, n'importe qui.

« Non, Georges, j'étais sincère. Non, je ne me fous pas du tiers comme du quart. »

Daniel Boulanger,
Le ciel est aux petits porteurs.

Je m'en moque, je m'en fiche, je m'en fous suffisent à marquer l'indifférence, le dédain. Mais la tradition y a ajouté des compléments très concrets qui rendent l'inintérêt presque méprisant. *Se moquer* de ceci ou de cela *comme de sa première chemise, de sa première culotte, de sa première brosse à dents* – locutions aujourd'hui couramment utilisées au détriment des subtils : *se moquer comme de colintampon, comme de l'an quarante, du tiers comme du quart.*

Hep *!*

Je ne me fiche pas du tiers comme du quart que la fougueuse expression argotique, qui signifie la même chose, *s'en tamponner le coquillard*, disparaisse elle aussi.

Mords-moi-le-doigt (à la)

Version convenable d'une locution adverbiale très sexualisée : *à la mords-moi-le-nœud, le-zizi, le-chose...* Façon familière et ramassée de dire que tout ça est idiot, inepte, inutile, et qu'on perd son temps.

> *« On s'était enlisé sans remède dans de mornes banalités. Le tout, enrobé de pétitions de principe à la mords-moi-le-zi. »*
>
> Raymond Guérin,
> *L'Apprenti.*

Bourrer le mou

J'observe avec regret que *bourrer le mou* (disparu du *Petit Larousse*) s'efface au profit de *bourrer le crâne*. Mais les deux expressions ne sont pas identiques ainsi que l'affirment la plupart des dictionnaires. *Bourrer le mou* à quelqu'un, c'est lui raconter force balivernes, carabistouilles et gros mensonges. C'est l'abuser, le tromper sur toute la ligne, alors que lui *bourrer le crâne*, c'est, certes, souvent lui raconter des sornettes en abondance, mais c'est aussi, parfois, accabler son esprit de choses vraies plus ou moins utiles. Ainsi le bourrage de crâne des élèves à la veille des examens. Le *Dictionnaire de l'Académie française* donne la définition la plus juste de *bourrer le crâne* à quelqu'un : « Lui en faire accroire, l'abuser, ou le forcer à accumuler des connaissances inutiles. »

Métaphore péjorative du crâne, le mou est le nom du poumon des animaux. Dire d'une personne qu'elle *a du mou de veau dans la tête* est insultant. C'est pourquoi *bourrer le mou*, remplir du vide, s'enfoncer dans du spongieux, est autrement plus dépréciatif que *bourrer le crâne*.

« J'ai poursuivi mon boniment, la démonstration tragique (…). Elle croyait que je lui bourrais le mou… Elle s'est remise à chialer… »

Louis-Ferdinand Céline,
Mort à crédit.

Hep !

Il existait autrefois le mot *bourre-mou*, synonyme de blablabla, calembredaine, discours trompeur. Céline l'emploie dans *Voyage au bout de la nuit*.

C'est pas tes oignons !

Ou *occupe-toi de tes oignons !* Mêle-toi de ce qui te regarde ! Ce ne sont pas tes affaires ! Est-ce une expression qui vient de l'argot, le mot oignon y désignant l'anus (*Il l'a dans l'oignon !*) ? Une expression équivalente semble le confirmer : *occupe-toi de tes fesses !*

> « *Flippe répondit :*
> *— Et si elle me plaît, moi. C'est tes oignons ?* »
> Francis Carco,
> *L'Équipe.*

À la première personne, on dit : *c'est mes oignons !* Ça ne regarde que moi...

Hep !

Aux petits oignons, exécuté avec beaucoup de soins, fait avec amour et à la perfection, est une délicieuse expression qui continue de séduire des locuteurs et des écrivains.

Panier percé (un)

Un panier percé est une personne très dépensière. Se disait plutôt des femmes que des hommes parce que c'était elles qui faisaient les courses, un panier à la main, alors que maintenant elles poussent un caddie. Le caddie percé n'a pas succédé au *panier percé*.

> « *C'est Mme Jasmin, une autre, qui la remplaçait, celle-là pas sérieuse pour un sou !.. Un panier percé à vrai dire, terrible pour les dettes !* »
>
> Louis-Ferdinand Céline,
> *Mort à crédit.*

Au Québec, le *panier percé* ne désigne pas une femme qui dépense sans compter, mais une pipelette, une commère, une femme tellement bavarde qu'elle ne peut pas garder un secret.

Hep !

Le panier de la ménagère continue de représenter, à travers les produits de grande consommation, le coût de la vie. Les voitures cellulaires de la police s'appellent toujours des *paniers à salade*. *Le dessus du panier* désigne encore les membres éminents d'une société, le gratin. *Mettre, jeter au panier* est une expression toujours très employée. En revanche, *la main au panier* (aux fesses), *mettre tous ses œufs dans le même panier* (prendre le risque de tout miser sur un seul projet) et, surtout, *faire danser l'anse du panier* (technique qui consiste pour un employé de maison à majorer les achats qu'il a faits pour son patron) sont des expressions de moins en moins usitées.

Donner ou recevoir son paquet

Quel paquet ? Un assortiment de railleries et de vacheries dont une personne en colère charge une autre. Que ces paroles blessantes soient justes ou injustes, peu importe. Le paquet a été donné et reçu.

« *César : J'aurais dû savoir qu'il ne faut rien demander d'intelligent à M. Escartefigue, amiral de banquettes de café, commodore de la moleskine !*
(Il sort.)
Panisse (à Escartefigue) : Eh bien, dis donc, tu l'as toi aussi, ton paquet ! »

Marcel Pagnol,
Fanny.

Hep !

Avoir son paquet signifie aussi être ivre.

Pour annoncer un départ, on ne dit plus *faire ses paquets* (les bagages se sont modernisés), on dit *faire sa valise.*

Et patati et patata !

Si *blablabla* est une onomatopée toujours bien en bouche, il n'en est pas de même pour la locution onomatopéique *et patati et patata* qu'abandonnent peu à peu les causeurs des nouvelles générations, même les plus bavards, et les jeunes écrivains, même les plus prolixes. L'expression est une sorte d'ironique *et cætera* appliqué aux personnes d'inépuisable jactance.

> *« Célestine, vous regardez trop les hommes...*
> *Célestine, ça n'est pas convenable de causer, dans les coins, avec le valet de chambre... Célestine, ma maison n'est pas un mauvais lieu... Tant que vous serez à mon service et dans ma maison, je ne souffrirai pas..*
> *Et patati... et patata ! »*
> Octave Mirbeau,
> *Le Journal d'une femme de chambre.*

Hep !

Il faut croire que le bruit des péroraisons intarissables a changé avec le temps. Au seizième siècle, on disait *patic-patac*, au dix-septième *patatin-patitac* (selon Maurice Rat).

Payer rubis sur l'ongle

Payer tout, tout de suite. Sans remise, ni crédit, ni délai. Payer comptant. Payer cash. Et ce *payer cash*, rapide, moderne, a supplanté *payer rubis sur l'ongle*, locution élégante, littéraire, au demeurant obscure. C'est une histoire de vin rouge : vider son verre jusqu'à une dernière goutte qui pourrait rester en équilibre sur un ongle (curieuse gymnastique…), cela s'appelait *faire rubis sur l'ongle* ! Du vin entièrement bu, on est passé à l'argent entièrement versé… Et, quoique billets et pièces ne soient pas de couleur rubis et qu'ils soient saisis à pleine main, l'expression, d'une poésie surréaliste, s'est imposée.

« Je paierai rubis sur l'ongle quand le moment sera venu de m'engager et de me compromettre. »

Paul Morand,
L'Homme pressé.

Parler du pays

« Tâche aussi d'arriver au café avant que tes pains [de glace] ne soient fondus, sinon papa Maurice va te parler du pays ! »

Pierre Perret,
Les Petits Métiers.

Craignant à juste titre que les lecteurs n'ignorent l'expression *parler du pays*, Pierre Perret en donne la signification dans une note de bas de page : « Ça va barder ! » Il aurait même pu ajouter : « Ça va barder pour ton matricule ! Si tu traînes en route, tu vas te faire engueuler par papa Maurice… Il va te *chanter pouilles* (voir page 124) ou te *laver la tête* (voir page 135). »

La locution ne figure pas dans *Le Bouquet des expressions imagées* de Claude Duneton, ni dans aucun des dictionnaires usuels. Parce qu'elle est régionale ? Si elle était comprise et utilisée par le jeune Languedocien Pierre Perret, elle m'était aussi familière, à moi qui ai passé mon enfance beaucoup plus au nord : à Lyon et dans la région Rhône-Alpes. Le pays dont on nous menaçait de parler était donc vaste.

Le Jura en faisait aussi partie puisque Marcel Aymé a employé l'expression.

« — *Ils se sont causé du pays un bon coup.*
— *Pour dire tout juste, ça bardait grand sec.* »

Marcel Aymé,
La Jument verte.

Paysan du Danube (le)

« Il ne faut point juger des gens sur l'apparence. » Premier vers de la fable *Le Paysan du Danube* : La Fontaine a fait de son « Ours mal léché » le symbole d'un être laid, d'apparence grossière, qui a cependant du bon sens et dont la sincérité sans détour scandalise. C'est un rustaud qui, non sans raison, met les pieds dans le plat.

« — *Vous êtes assez ridicule pour trouver cela mal ?*
— *Vous parlez à une sorte de paysan du Danube.* »

Jean Anouilh,
Le Voyageur sans bagages.

Peau de balle et balai de crin !

Locution argotique, *peau de balle !* signifie : rien ! La peau sans les balles, sans les balloches, sans les testicules, à quoi ça peut servir ? À rien ! Qu'est-ce que le *balai de crin* ajoute à la peau de balle ? Il ajoute rien à rien. La verve populiste, qui aime bien les assonances amusantes — genre « je veux, mon neveu », « à la tienne, Étienne » ou bien, dans la bouche des nouvelles générations, « cool, Raoul », « à l'aise, Blaise » — a fait rebondir la balle dans le balai. Absurde, mais rigolo. Qu'en pense le dico des académiciens ? *Peau de balle et balai de crin !*

Devant le corps amoché de l'artiste, le narrateur se dit qu'il va avoir besoin d'argent :

« Je fais un petit inventaire. Je n'ai pas pensé à réclamer ma dernière quinzaine à M. Edmond et il a oublié de me la régler. J'ai dix-sept mille francs. J'ai eu beau fouiller l'artiste : peau de balle et balai de crin. »

Jean Giono,
Les Grands Chemins.

Hep !

Dans le même genre et pour la même signification, n'oublions pas l'expression *pas plus que du beurre en branche* (ou *en broche*).

Péter dans la soie

Est-ce parce que la soie, quoique toujours coûteuse, n'est plus une étoffe réservée aux très riches et qu'elle ne symbolise plus une vêture ou une ornementation inaccessibles ? Toujours est-il qu'aujourd'hui l'on dit rarement d'une personne qui, par le luxe de ses habits, son train de vie ostentatoire, s'attire des moqueries, qu'elle *pète dans la soie*. L'expression est une sorte d'oxymore puisqu'elle assemble deux mots contradictoires : la vulgarité du pet et le raffinement de la soie.

« *Ce n'est pas pour voir la vérité qu'on paie sa place au cinéma avec madame. La vérité, on en bouffe tous les jours au bureau et dans la petite famille. C'est pour voir des femmes qui fument et qui pètent dans la soie et*

pour être pendant une heure et demie le malabar qui se
les envoie après avoir descendu tout le monde... »

Jean Anouilh,
Le Scénario.

Hep !

En revanche, le pet est toujours très sonore dans
les expressions *péter le feu* et *péter plus haut que son
cul*. Il a même des intonations modernes avec *pété
de thunes*, être très riche.

Homme de peu

Ou *femme de peu*. Ou *gens de peu*. Désignait
naguère des hommes et des femmes de condition
très modeste. Des gens du populaire. Qui man-
quaient d'argent, d'éducation et de savoir-vivre. Le
peu, sans précision, marquait le retard social.

*« Nous laissions la suite et la titubation aux gens
de peu. D'une femme en cheveux* [nous sommes

en 1933-1934] *on peut redouter qu'elle glisse, sous des prétextes de chaleur, de chagrin ou même de soif, aux lourdes séductions des vins bleus de l'Aude ou de l'Hérault.* »

François Nourissier,
Eau-de-feu.

L'écrivain et anthropologue Pierre Sansot a célébré *Les Gens de peu*, en 1991, dans un livre à contre-courant, tout de délicatesse et de ferveur :

« *Gens de peu comme il y a des gens de la mer, de la montagne, des plateaux, des gentilshommes. Ils forment une race. Ils possèdent un don, celui du peu, comme d'autres ont le don du feu, de la poterie, des arts martiaux, des algorithmes.* »

Hep !

Totalement démodées, dans la citation de François Nourissier, les expressions *femme en cheveux, sortir en cheveux.* Elles se rapportaient à des femmes, de peu justement, qui, contrairement aux femmes de la haute ou de la bonne société, sortaient sans chapeau, tête nue.

« C'est que la Marie-Bonheur n'était pas qu'une fille en cheveux... »

Francis Carco,
L'Équipe.

Dorer la pilule

Peut-être des lecteurs chevronnés, qui connaissent et emploient cette jolie locution, s'étonneront-ils de la trouver dans ce livre. C'est qu'elle devient rare et que les nouvelles générations en ignorent le sens. Plus les Français consomment de pilules, moins ils savent que dans le langage les dorées sont subtilement mensongères.

Les apothicaires donnaient des couleurs or ou argent aux pilules qu'ils fabriquaient eux-mêmes. Ainsi paraissaient-elles plus agréables à l'œil et au goût. Du marketing bien avant l'heure. Pas dupe, la clientèle s'empara de la locution *dorer la pilule* pour métaphore de ce que l'on nous fait avaler (critiques, refus, dérobades, trahisons) sous couvert de bonnes paroles hypocrites. Compliments et caresses pour masquer la vilenie ou pour adoucir l'amertume.

Ne pas dorer la pilule, c'est au contraire dire sans fard la vérité.

« *On sent pourtant que Virgile, ami d'Octave qui deviendra l'empereur Auguste, vit dans une période trouble. Il ne dore pas la pilule de ceux qui le lisent. Son parti pris d'optimisme est aussi une manière de lutter contre la fatalité, c'est un acquiescement à la vie.* »

Jean-Paul Kaufmann,
La Maison du retour.

« *Une chose me frappe chez Nicolas Sarkozy (...) : c'est qu'il ne leur dorait pas la pilule.* »

Marc Lambron,
Eh bien, dansez maintenant...

Brave à trois poils (un)

Les dictionnaires ne sont pas d'accord. Pour *Le Petit Larousse*, un *brave à trois poils* est un « homme très courageux ». Pour le *Dictionnaire de l'Académie française*, un homme « d'une bravoure éprouvée ». Un « homme intrépide » pour *Le Grand Robert*. Mais *Le Petit Robert* lui dénie cette vertu. Pour lui, ce n'est qu'un « fanfaron », un « matamore ». Impossible de demander son arbitrage à Claude Duneton : l'expression ne figure pas dans son *Bouquet*. A-t-elle dérapé en vieillissant, passant d'une vraie bravoure à un courage feint et vantard ? À cause des trois poils ? D'abord, évocation du velours à trois poils, d'excellente qualité ? Puis, image du *toupet* à la fois physique et psychologique de celui qui se prétend vaillant ?

Dans la citation qui suit, notre *brave à trois poils* est un authentique héros de la Première Guerre mondiale.

« ... *Il s'est comporté brillamment au front* (...). *Des citations. La croix de guerre avec palmes. Il a fini la guerre comme capitaine de chasseurs alpins. On lui a collé la croix le 14 juillet dernier, sur son uniforme de brave à trois poils.* »

Jules Romains,
Les Hommes de bonne volonté
(La douceur de la vie).

Hep !

À poil ! ; *au poil !* ; *pile-poil !* ; *à rebrousse-poil* ; *à contre-poil* ; *des hommes de tout poil* ; *gibier à poil* : autant de poils au singulier.

Que pouic

Ou *que couic*. Deux mots employés, naguère, surtout dans l'expression négative : *n'y entraver que pouic, n'y comprendre, n'y piger que couic.* N'y rien comprendre. *Pouic,* ou *couic,* signifie donc rien, absolument rien, que dalle.

« Cette viande, dit-il, ne vaut que pouic, Jeanne ! »
Louis Aragon,
Les Beaux Quartiers.

Chanter pouilles

Le mot *pouilles*, nom féminin toujours au pluriel, synonyme de reproches, d'injures, ne s'emploie plus, sauf dans l'expression *chanter pouilles* à quelqu'un, ce qui signifie accabler une personne de récriminations et même d'injures. Quoique un peu désuète, c'est une jolie expression qui tient de l'oxymore puisqu'elle rapproche deux mots de sens contraires, l'harmonie du chant et la brutalité de l'insulte.

« On convint que la seule solution pour sortir d'un tel scandale était d'en venir à l'annulation en cour de Rome. Le mariage avait eu lieu en l'année 1581. Les cardinaux des deux familles s'étaient chanté pouilles devant une amie pouffant de rires étouffés. »

Pierre Combescot,
Faut-il brûler la Galigaï ?

Hep !

Pouilles venant probablement du mot *pou*, le plus intellectuel des insectes, on ne dira cependant pas « chercher des pouilles à quelqu'un », mais bien *chercher des poux*, chercher querelle.

Dans ma jeunesse, on lançait à un camarade qui avait fait une bêtise : « Tu vas te faire chanter (ou jouer) ramona… » Ce qui est probablement une variante de « tu vas te faire ramoner », autrement dit engueuler. Il existe aussi l'expression *laver la tête* (voir page 135).

Se tenir à quatre

À la loterie des expressions, le chiffre 4 continue de sortir souvent : *comme deux et deux font quatre* ; *entre quatre-z-yeux* ; *dire à quelqu'un ses quatre vérités* ; *couper les cheveux en quatre* ; *un de ces quatre* ; *monter quatre à quatre*, etc. Est-ce par malchance que *se tenir à quatre* — garder le contrôle de soi, se contenir avec force pour ne pas éclater — est une expression sur laquelle on ne mise plus guère ?

« *Ségramor : (…) Je me tenais à quatre pour ne pas le gifler.*
La Reine : Domine-toi, Ségramor. »
Jean Cocteau,
Les Chevaliers de la Table ronde.

Querelle d'Allemand (une)

Toujours en bisbille, et sans raison. *Une quereile d'Allemand* est une mauvaise querelle. Cette locution vient des conflits perpétuels qui opposaient les uns aux autres les belliqueux princes allemands.

« *Maintenant que vos controverses se sont tues*
Qu'on s'est bien partagé les cordes des pendus
Maintenant que John Bull nous boude, maintenant
Que c'en est fini des querelles d'Allemand… »
Georges Brassens,
Les Deux Oncles.

Hep !

À propos de querelleur, d'où vient l'expression *mauvais coucheur* ? De la promiscuité des chambres d'auberges d'autrefois. On pouvait se retrouver à trois ou quatre dans le même lit, et plus encore dans la même chambre. Par malchance, si on tombait sur un ronfleur, sur un agité qui *tirait la couverture à lui*, ou sur un somnambule, ce *mauvais coucheur* gâchait la nuit des autres.

Avoir de quoi

Peut-on faire plus concis, plus rapide, plus malin, plus original pour dire d'une personne qu'elle a de l'argent ? *Avoir de quoi*, c'est avoir les moyens dans son portefeuille de satisfaire une envie d'achat. Plus largement, c'est affirmer qu'on possède assez de répondant pour s'assurer un train de vie confortable. On n'entre pas dans des chiffres, on reste mystérieux. L'expression *avoir du foin dans ses bottes* (voir page 71) est plus concrète.

« C'est vrai qu'il y en a déjà qui sont soûles parmi les passagères, surtout celles qui descendent au marché vers Saint-Ouen, les demi-bourgeoises. "Combien les carottes ?" qu'elles demandaient bien avant d'y arriver pour faire voir qu'elles ont de quoi. »

Louis-Ferdinand Céline,
Voyage au bout de la nuit.

En route, mauvaise troupe !

L'ai-je dite et entendue, cette expression lancée autrefois au moment d'un départ collectif, alors qu'on s'élançait pour une ascension ou une virée nocturne ! Il y a dans ce *en route, mauvaise troupe !* au choix, du courage, de la gaîté, de la solidarité, de l'ironie. Allons ! ne restons pas là, avançons !

De naissance militaire, probablement. Mais j'imagine aussi volontiers une troupe de comédiens ou d'artistes du cirque, le chapiteau démonté et plié, repartir pour la ville voisine au signal du directeur : « En route, mauvaise troupe ! »

> « *En route, mauvaise troupe !*
> *Partez, mes enfants perdus !* »
>
> Paul Verlaine,
> *Jadis et Naguère.*

> « *Vaillamment, la mémé chargeait sa brouette. Le linge sec pèserait moins, mais en compensation il y aurait la côte à gravir. En route, mauvaise troupe !* »
>
> Robert Sabatier,
> *Les Noisettes sauvages.*

Tirer du ruisseau

Dans les romans de Zola, d'Eugène Sue, de tous les feuilletonistes populaires, on tirait beaucoup du ruisseau. Ou bien on y retombait. Le ruisseau, c'était l'eau qui coulait dans les rues, au bord des trottoirs, dans les caniveaux. Il symbolisait l'extrême pauvreté, la prostitution, la déchéance. *Tirer quelqu'un du ruisseau*, c'était l'arracher à une condition misérable et l'insérer dans la société.

« J'attendais, j'attendais toujours. Mais non, pas un pleur, par un reproche. Je l'avais tirée du ruisseau, comprenez-vous ? »

Jean-Paul Sartre,
Huis clos.

L'hygiène urbaine a chassé des rues les ruisseaux malodorants. De sorte qu'on ne parle plus guère de choses qui ont *traîné dans le ruisseau*, de *nouvelles ramassées dans le ruisseau*. On dit plutôt aujourd'hui que ce sont des *informations* ou des *racontars de caniveau*.

Faire la sainte Nitouche

Ou *prendre des airs de sainte Nitouche*. Le calembour, lui, est franc et direct : (elle) n'y touche (pas). Elle se donne des airs de ne pas y toucher mais c'est pure hypocrisie. Son innocence, sa pruderie, sa sagesse sont feintes. Une sainte Nitouche est souvent une femme de mœurs légères qui joue la pudibonde effarouchée.

« Bizarre qu'elle soit là ; dans cette chambre de passe, à poil ! Avec ses airs de sainte Nitouche ! »

Raymond Guérin,
L'Apprenti.

Hep !

Est-ce un effet du déclin de la foi chrétienne ? D'une invocation moins fréquente des élus du Ciel ? Les expressions avec des saints, vrais ou inventés, sont moins en odeur de sainteté que naguère. On renvoie plus aux calendes grecques qu'à la *saint-glinglin*. D'un spectacle ennuyeux, on dit c'est la barbe et non plus *la Sainte-Barbe* ! Les ouvrières de la mode, encore célibataires à vingt-cinq ans, *coiffent Sainte-Catherine*, mais c'est de plus en plus démodé. Elles possèdent du frusquin (vêtements, linge, argent), ce qui ne les empêche pas d'envoyer paître amoureux, fiancés, petits amis et *tout le saint-frusquin*...

Saint, mieux vaut être vin (Émilion, Estèphe, Julien, Joseph, Amour, Véran, Aubin, Pourçain, etc.) ou fromage (Marcellin, Nectaire, Maure, Félicien, etc.). Des saints, ceux-là, éternels.

En avoir les sangs tournés

« Un peigne, une bouteille, un trognon de pain, sur une table bancroche après laquelle — j'en ai encore les sangs tournés — grimpait, à tout moment, un rat gros comme un chat qui emportait son chicot de pain. »

Edmond de Goncourt,
La Fille Élisa.

La femme qui parle a eu si peur qu'elle *en a encore les sangs tournés*. L'expression existe aussi dans sa forme active. Une forte émotion lui a *fait tourner les sangs*, lui a *caillé le sang*. L'inquiétude est également cause de ce qu'on *se mange les sangs* et — locution encore employée aujourd'hui — de ce qu'on *se ronge les sangs*.

Mais le sang au singulier l'a emporté sur son pluriel. *Se faire du mauvais sang, se faire un sang d'encre*, épouvante qui *glace le sang, sang qui se fige...* Les sangs — licence à la fois physiologique et poétique — ajoutent, me semble-t-il, à la peur ressentie, la tirant du côté du fantastique, de l'irrationnel.

(Voir *avoir les grelots*, page 78.)

Soupe au lait (être)

Un individu *soupe au lait* est prompt à se mettre en pétard. Il a la colère rapide, subite, forte. *Monter comme une soupe au lait*, c'est imiter le lait de la soupe : monter soudainement pour déborder et se répandre (en imprécations, en jurons, en menaces). L'expression convient surtout à des personnes susceptibles, qui ont pour mauvaise habitude de se fâcher à la moindre contrariété.

« Si, par hasard, il la contredisait, elle prenait de brèves mais vives colères, car elle était soupe au lait. »
Simone de Beauvoir,
Tout compte fait.

Il y a longtemps qu'on ne mange plus de soupe au lait. C'est pourquoi la locution est en train de devenir obscure aux jeunes générations. Mais, aujourd'hui comme hier, au petit déjeuner, *le lait se sauve* en bouillant. Aussi tout le monde comprend qu'on dise d'un enfant turbulent ou maladroit qu'il faut le *surveiller comme le lait sur le feu.*

(Voir *avoir la tête près du bonnet*, page 134.)

Hep !

Combien de vieux paysans font-ils encore *chabrot* (ou *chabrol*) ? Cela consiste à verser du vin rouge dans son assiette de soupe ou de bouillon bien chaud. J'aimais particulièrement pendant les vendanges *faire chabrot* avec la soupe aux choux.

Avoir la tête près du bonnet

Celui chez qui la tête et le bonnet, l'intellect et la pose sont si proches qu'ils n'en font qu'un est un être colérique, prompt à s'emporter. Il est *soupe au lait* (voir page 132). Ses proches savent bien que la moindre contrariété le met hors de lui.

« *"J'avoue que devant chez Lemaître* [fleuriste, boulevard Haussmann] *il y avait l'autre jour un grand arbuste rose qui m'a fait faire une folie." Mais par pudeur elle se refusa à donner des renseignements plus précis sur le prix de l'arbuste et dit seulement que le professeur "qui n'avait pourtant pas la tête près du bonnet" avait tiré flamberge au vent et lui avait dit qu'elle ne savait pas la valeur de l'argent.* »

Marcel Proust,
À l'ombre des jeunes filles en fleurs.

Hep !

Dans la même phrase, Proust fait suivre deux locutions, la seconde, *tirer flamberge au vent* (ou *mettre flamberge au vent*), n'étant plus aujourd'hui employée. Et c'est normal puisque la flamberge est le nom de l'épée que tiraient les duellistes pour régler une querelle. Proust emploie métaphoriquement cette expression pour dire que le professeur s'était fichu en colère contre sa femme.

Laver la tête

Quelqu'un qui se fait *laver la tête* est en train de se faire engueuler. Il reçoit des reproches et des menaces, peut-être même, si son interlocuteur est très en colère, des injures. On veut débarrasser sa tête des idées qui l'ont amenée à tenir des propos ou à commettre des actes inconvenants.

« *Quand je sentais le Roi las de leurs disputes* [de ses trois filles] *et de leurs débauches, je les faisais venir dans ma chambre pour leur "laver la tête"* ».
Françoise Chandernagor,
L'Allée du Roi.

La romancière-historienne précise dans une note que *laver la tête* est la propre expression de Mme de Maintenon.

La locution plus moderne *passer un savon* est probablement un prolongement hygiénique et une variante de *laver la tête*.

Après la toilette, on s'habille : *se faire remonter les bretelles* — expression née dans les vestiaires des stades de foot et de rugby, selon Claude Duneton — est encore une façon de *se faire appeler Arthur...*

Hep !

Il y a aussi, toujours dans l'engueulade, *chanter pouilles* (voir page 124).

Tiens ça ! Tiens donc !

Tiens ! Tiens !, qui exprime de l'étonnement, une curiosité un peu amusée, se porte bien. Il n'en est pas de même pour *Tiens ça !* ou *Tiens donc !*, de sens légèrement différents. L'une et l'autre interjection marquent aussi de la surprise, mais avec plus d'ironie ou d'indignation. À noter leur élégance qui relève de l'héritage classique.

« "Suis-je homosexuel ?" Je vacille sous la question.
"Eh bien, non…" "Tiens ça ! En général, pourtant,
les hommes d'un certain âge et célibataires sont
homosexuels." »

Jean Cau,
Le Candidat.

Coup de Trafalgar (un)

Dans les expressions les coups continuent
heureusement de pleuvoir : *coup de fusil* (très
coûteux) ; *coup de tête* (action impulsive) ; *coup
de feu* (moment de presse) ; *coup d'épée dans l'eau*
(action inopérante) ; *coup de l'étrier* (le dernier
verre avant de partir) ; *coup d'essai* qui se révèle
être un *coup de maître* ; *coup dans l'aile* (un peu
ivre) ; *coup fourré* (traîtrise) ; *coup de foudre* (sentiment amoureux soudain) ; *coup de cœur*, etc. Le
Français n'est pas maso, mais il adore, quand il
parle, donner et recevoir des coups.

Il existe cependant un coup qui se porte moins
bien. Non pas *le coup de Jarnac* (autrefois coup

soudain et loyal, aujourd'hui déloyal), mais *le coup de Trafalgar*, événement imprévu catastrophique, en mémoire de la désastreuse défaite navale subie par la flotte française, le 21 octobre 1805, contre la flotte anglaise commandée par l'amiral Nelson.

> « *Au moindre coup de Trafalgar*
> *C'est l'amitié qui prenait l'quart.* »
> Georges Brassens,
> *Les Copains d'abord.*

Est-ce pour ne pas évoquer un souvenir cuisant pour notre fierté que nous nous détournons de cette expression ?

Tranquille comme Baptiste

Jadis, dans les parades, farces et pantomimes, le prénom de Baptiste était donné au souffre-douleur, au garçon un peu simplet qui essuyait les quolibets et recevait les coups sans jamais se plaindre, moins encore se rebeller. Il restait obstinément patient, calme, stoïque. Tranquille. Le public s'amusait de sa longanimité innocente ou idiote, de son inentamable bonheur. C'est pourquoi *heureux comme Baptiste* est une variante de *tranquille comme Baptiste*.

« *Le seul qui était tranquille comme Baptiste, c'était votre père.* »

Antonio Muñoz Molina,
Le Vent de la Lune,
traduit de l'espagnol
par Philippe Bataillon.

« ... *un édit nous donne la liste
de cette bande de fumistes
à dénoncer (même Baptiste
fait l'objet d'un long addendum
on dit heureux comme Baptiste
eh bien c'est faux notre bonhomme
s'il fait un geste on l'enchriste).* »

Jean–Claude Pirotte,
Un bruit ordinaire.

Être dans les vignes du Seigneur

Par Bacchus, comment ai-je pu, en écrivant mon *Dictionnaire amoureux du vin*, oublier de glisser cette expression dans ma litanie des verbes synonymes de « se soûler » ? Car *être dans les vignes du Seigneur*, c'est être ivre, bourré, bituré, gelé, complètement paf. Façon poétique, transcendantale et amusante de laisser entendre qu'un chrétien peut gagner son salut par l'ivresse ?

Mes parents avaient acheté un 45 tours qui contenait la tirade d'un pochetron, joué par Victor Boucher, extraite des *Vignes du Seigneur*, de Flers et Croisset. Ils avaient beaucoup ri à une représentation de la pièce, au théâtre des Célestins, à Lyon. Moi, enfant, la tirade me laissait perplexe. Je ne voyais pas bien de quelles vignes et de quel Seigneur il était question…

« *Être pété se disait alors plus joliment "être dans les vignes du Seigneur".* »

François Nourissier,
Eau-de-feu.

Aujourd'hui, l'expression est fortement madérisée. Ses chances d'être de nouveau servie sont nulles. Je l'ai quand même mise ici par nostalgie et pour réparer mon oubli – qui n'était pas dû à l'alcool.

Yoyoter de la touffe

C'est une expression argotique d'une irrésistible drôlerie. Bravo à l'anonyme qui l'a inventée, démontrant ainsi que lui *ne yoyotait pas de la touffe*, c'est-à-dire ne débloquait pas, ne déraisonnait pas, ne disait pas n'importe quoi, n'était pas fou.

« – *Arrête, dit Olivier, parfois tu yoyotes de la touffe !*
– *L'argot revient. Tu es sauvé… »*

Robert Sabatier,
Les Trompettes guerrières.

Dans l'argot des prisons, yoyoter signifie, à la manière d'un yoyo, faire passer un objet d'une cellule à une autre par une ficelle qui monte et descend. Il y a quelque chose de répétitif, d'absurde, dans le jeu de yoyo, et c'est de ce passe-temps un peu bébête que yoyoter tire son deuxième sens : divaguer, déconner. Quant à la touffe, il s'agit dans cette expression de la tête, alors que généralement, dans le langage argotique, la touffe est le nom de la toison pubienne (*ras la touffe*).

Hep !

Il y a des variantes à *yoyoter de la touffe* : *yoyoter de la toiture, de la mansarde, de la capuche*, etc.

Auteurs cités

ADAM, Olivier, 43.

ANOUILH, Jean, 60, 73, 115, 118.

ARAGON, Louis, 23, 46, 58, 123.

ASSOULINE, Pierre, 66, 85, 87.

AUDIBERT, Maurice, 27.

AYMÉ, Marcel, 56, 115.

BARBARA, 91.

BEAUVOIR, Simone de, 133.

BLONDIN, Antoine, 89.

BOULANGER, Daniel, 26, 105.

BRASSENS, Georges, 53, 68, 126, 138.

CARCO, Francis, 108, 120.

CAU, Jean, 137.

CÉLINE, Louis-Ferdinand, 107, 109, 127.

CHANDERNAGOR, Françoise, 135.

CHAPELAN, Maurice, 35.

COCTEAU, Jean, 52, 76, 125.

COHEN, Albert, 60.

COLETTE, 41, 67, 103.

COMBESCOT, Pierre, 38, 124.

DUHAMEL, Georges, 42.

FARGUE, Léon-Paul, 61.

FEYDEAU, Georges, 65.

FLAUBERT, Gustave, 31.

FOTTORINO, Éric, 81.

GENET, Jean, 33.

GIONO, Jean, 28, 31, 71, 91, 98, 116.

GONCOURT, Edmond de, 131.

GRACQ, Julien, 49.

GRENIER, Roger, 68.

GUÉRIN, Raymond, 93, 106, 130.

HUGO, Jean, 92.

HUYSMANS, Joris-Karl, 84, 94.

KAUFMANN, Jean-Paul, 71, 121.

LAMBRON, Marc, 121.
LAPOUGE, Gilles, 43, 45.
LAURENT, Jacques, 50.
LEYS, Simon, 45.
LORRAIN, Jean, 55.

MAC ORLAN, Pierre, 69, 90.
MIRBEAU, Octave, 112.
MORAND, Paul, 113.
MUÑOZ MOLINA, Antonio, 139.

NOURISSIER, François, 29, 64, 97, 102, 119, 140.

ORMESSON, Jean d', 95.

PAGNOL, Marcel, 111.
PENNAC, Daniel, 70.
PERRET, Jacques, 75.
PERRET, Pierre, 30, 114.
PIROTTE, Jean-Claude, 139.
PONCHON, Raoul, 52.

PRÉVERT, Jacques, 77.
PROUST, Marcel, 63, 134.

QUENEAU, Raymond, 33, 54, 101.
QUIGNARD, Pascal, 88.

RENARD, Jules, 25, 35, 57.
RENAUD, 37.
RIVOYRE, Christine de, 83.
ROMAINS, Jules, 40, 122.
ROUART, Jean-Marie, 79.

SABATIER, Robert, 59, 78, 128, 141.
SANSOT, Pierre, 119.
SARTRE, Jean-Paul, 129.
SEMPRUN, Jorge, 51.
SIMON, François, 44.
SOLLERS, Philippe, 99.

THÉODOROPOULOS, Takis, 47.
TILLINAC, Denis, 39.
TOURNIER, Michel, 82.

VERLAINE, Paul, 128.

Ouvrages consultés

Le Bouquet des expressions imagées, de Claude Duneton, en collaboration avec Sylvie Claval, Seuil, 1990.

La Puce à l'oreille, de Claude Duneton, Stock, 1978 ; Balland, 2001.

Ça ne mange pas de pain !, de Jacques Cellard, Hachette, 1982.

Dictionnaire des expressions et locutions traditionnelles, de Maurice Rat, Larousse, 1957, 2000.

Minute papillon !, de Pierre Germa, Hermé, 1986.

Trésors des expressions françaises, de Sylvie Weil et Louise Rameau, Belin, 1981.

Qu'importe le flacon... (*Dictionnaire commenté des expressions d'origine littéraire*), de Jean-Claude Bologne, Larousse, 1989, 2005.

Les Sept Merveilles (*Les expressions chiffrées*), de Jean-Claude Bologne, Larousse, 1994.

L'habit ne fait pas le moine, de Gilles Henry, Tallandier, 2003 ; Points, 2006 (édition abrégée).

À bouche que veux-tu (*Le corps dans les expressions de la langue française*), de Jacques Jouet, Larousse, 1990, 2004.

Quand on parle du loup... (*Les animaux dans les expressions de la langue française*), de Patricia Vigerie, Larousse, 1992, 2004.

Du bruit dans le Landerneau (*Dictionnaire des noms propres du parler commun*), de Patrice Louis, Arléa, 1996.

Le Nouveau Petit Robert de la langue française, 2008.

Le Petit Larousse illustré, 2008.

Le Grand Robert de la langue française, 2ᵉ édition, dirigé par Alain Rey, 2001.

Dictionnaire historique de la langue française, sous la direction d'Alain Rey, Le Robert, 1992.

Dictionnaire de l'Académie française, 9ᵉ édition (2 tomes parus), Fayard–Imprimerie nationale.

Le Littré, édition du *Figaro*, 2007.

Dictionnaire de synonymes, mots de sens voisin et contraires, de Henri Bertaud du Chazaud, Quarto, Gallimard, 2007.

Dictionnaire du français argotique et populaire, de François Caradec, Larousse, 1998.

Dictionnaire de l'argot, Larousse, 1990.

Le Nouveau Petit Perret illustré par l'exemple, J.-C. Lattès, 1984.

Dictionnaire érotique, de Pierre Guiraud, Payot, 1978.

Chier dans le cassetin aux apostrophes... et autres trésors du vert langage des enfants de Gutenberg, de David Alliot, Horay, 2004.

Liste personnelle
d'expressions en péril...

Du même auteur
aux Éditions Albin Michel

100 mots à sauver

Les Dictées de Bernard Pivot

Collection Les Dicos d'or de Bernard Pivot :

Orthographe : trucs et astuces, par Jean-Pierre Colignon

L'Orthographe, c'est logique !, par Jean-Pierre Colignon

Étonnantes étymologies, par Jean-Pierre Colignon

La majuscule, c'est capital !, par Jean-Pierre Colignon

Testez votre français, par le jury des Dicos d'or

Évitez le franglais, parlez français, par Yves Laroche-Claire

Évitez de dire… dites plutôt…, par Bernard Laygues

500 fautes d'orthographe à ne plus commettre, par Bernard Laygues

1 000 fautes à ne plus commettre : les verbes, par Bernard Laygues

Dico des noms propres devenus noms communs, par Jean Maillet

Devenez un champion en orthographe, par Micheline Sommant et le jury des Dicos d'or

Accordez vos participes !, par Micheline Sommant

Composition IGS-CP
Impression CPI Bussière en décembre 2008
Éditions Albin Michel
22, rue Huyghens, 75014 Paris
www.albin-michel.fr

ISBN 978-2-226-14398-3
N° d'édition : 25743. – N° d'impression : 083981/1.
Dépôt légal : novembre 2008.
Imprimé en France.